NEW 서울대 선정 인문고전 60선

21

최제우 **동경대전**

NEW 서울대 선정 인문 고전 21

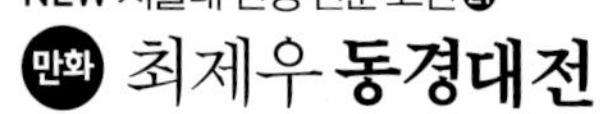
만화
최제우 동경대전

개정 1판 1쇄 발행 | 2019. 8. 21
개정 1판 2쇄 발행 | 2021. 9. 27

곽은우 글 | 김분묘 그림 | 손영운 기획

발행처 김영사 | 발행인 고세규
등록번호 제 406-2003-036호 | 등록일자 1979. 5. 17.
주소 경기도 파주시 문발로 197 (우10881)
전화 마케팅부 031-955-3100 | 편집부 031-955-3113~20 | 팩스 031-955-3111

값은 표지에 있습니다.
ISBN 978-89-349-9446-6
ISBN 978-89-349-9425-1(세트)

좋은 독자가 좋은 책을 만듭니다. 김영사는 독자 여러분의 의견에 항상 귀 기울이고 있습니다.
전자우편 book@gimmyoung.com | 홈페이지 www.gimmyoungjr.com

이 도서의 국립중앙도서관 출판예정도서목록(CIP)은 서지정보유통지원시스템 홈페이지(http://seoji.nl.go.kr)와
국가자료종합목록시스템(http://www.nl.go.kr/kolisnet)에서 이용하실 수 있습니다. (CIP제어번호 : CIP2018042941)

어린이제품 안전특별법에 의한 표시사항

제품명 도서 제조년월일 2021년 9월 27일 제조사명 김영사 주소 10881 경기도 파주시 문발로 197
전화번호 031-955-3100 제조국명 대한민국 ▲주의 책 모서리에 찍히거나 책장에 베이지 않게 조심하세요.

미래의 글로벌 리더들이 꼭 읽어야 할 인문고전을 만화로 만나다

NEW 서울대 선정 인문고전 60선

21

최제우 동경대전

곽은우 글 · 김분묘 그림

주니어김영사

| 기획에 부쳐 |

〈NEW 서울대 선정 인문고전60〉이 국민 만화책이 되기를 바라며

제가 대여섯 살 때 동네 골목 어귀에 어린이들에게 만화책을 빌려주는 좌판 만화 대여소가 있었습니다. 땅바닥에 두터운 검정 비닐을 깔고 그 위에 아이들이 좋아하는 만화책을 늘어놓았는데, 1원을 내면 낡은 만화책 한 권을 빌릴 수 있었지요. 저는 그곳에서 만화책을 보면서 한글을 깨쳤고 책과의 인연을 맺었습니다.

초등학교 때는 용돈을 아껴서 책을 사서 읽었고, 중학교 때는 학교 도서 반장을 맡아 도서관에서 매일 밤 10시까지 있으면서 참 많은 책을 읽었습니다. 그 무렵 헤밍웨이의 《노인과 바다》를 손에 땀을 쥐며 읽으면서 인생에 대해 고민했고, 헤르만 헤세의 《수레바퀴 아래서》를 읽으며 사춘기의 심란한 마음을 달랬습니다. 김래성의 《청춘 극장》을 밤새워 읽는 바람에 다음 날 치르는 중간고사를 망치기도 했습니다.

당시 저의 꿈은 아주 큰 도서관을 운영하는 사람이 되어 온종일 책을 보면서 책을 쓰는 작가가 되는 것이었습니다. 나이가 들고 어느 정도 바라는 꿈을 이루었습니다. 큰 도서관은 아니지만 적당한 크기의 서점을 운영하고, 글을 쓰는 작가가 되었거든요. 저는 여기에 새로운 꿈을 하나 더 보탰습니다. 그것은 즐거운 마음과 힘찬 꿈을 가지게 해 주고, 나아가 자기 성찰을 도와주는 좋은 만화책을 만드는 일이었습니다. 이렇게 해서 만든 책이 바로 〈서울대 선정 인문고전〉입니다. 서울대학교 교수님들이 신입생과 청소년들이 꼭 읽어야 할 책으로 추천한 도서들 중에서 따로 60권을 골라 만화로 만든 것입니다. 인류 지성사의 금자탑이라고 할 수 있는 고전을 보기 편하고 이해하기 쉽도록 만화책으로 만드는 일은 쉬운 일은 아니었습니다. 약 4년 동안에 수십 명의 학교 선생님들과 전공 학자들이 원서의 내용을 정확하게 전달할 수 있도록 밑글을 쓰고, 수십 명의 만화가들이 고민에 고민을 거듭하면서 만화를 그려 60권의 책을 만들었습니다.

〈서울대 선정 인문고전〉이 완간되었을 무렵에 우리나라에 인문학 읽기 열풍이 불기 시작했습니다. 〈서울대 선정 인문고전〉은 인문학 열풍을 널리 퍼뜨리는 데 한몫을 하면서 독자들의 뜨거운 사랑과 관심을 받았습니다. 덕분에 지금까지 수백만 권이 팔리는 베스트셀러가 되었습니다. 그 사랑에 조금이나마 보답을 하기 위해 《칸트의 실천이성 비판》, 《미셸 푸코의 지식의 고고학》, 《이이의 성학집요》 등 우리가 꼭 읽어야 할 동서양의 고전 10권을 추가하여 만화로 만들었습니다.

〈서울대 선정 인문고전〉은 어린이와 청소년이 부모님과 함께 봐도 좋을 만화책입니다. 국민 배우, 국민 가수가 있듯이 〈서울대 선정 인문고전〉이 '국민 만화책'이 되길 큰마음으로 바랍니다.

손영운

근대혁명의 시작, 동학농민운동 그리고 《동경대전》

처음 《동경대전》을 만났을 때 한글 번역본도 많이 나와 있지 않고 널리 알려진 책도 아니어서 생소함과 걱정이 앞섰습니다. '고등학교 때 배운 것 같기는 한데….' 하면서 얼버무리듯 책을 읽기 시작했습니다. 어쩌면 그래서 더욱 열심히 공부할 수 있었습니다. 한문 원본을 읽고 주해를 보면서 차츰 《동경대전》에서 말하는 '한울님'이 진짜 있었으면 좋겠다는 생각도 하게 되었습니다. 또한 '동학농민운동'과 연계한 조선 후기 역사에 대해 많은 지식을 얻을 수 있었던 고마운 책이 되었습니다.

한 권의 책이 역사 속에서 얼마나 큰 사회적 영향력을 발휘하는가에 대해 놀랄 때가 있습니다. 전 세계를 냉전시대로 이끌었던 '마르크스'의 '사회주의'의 시작을 알린 《자본론》이나, 몇 천 년 동안이나 세계 역사에 지대한 영향력을 발휘한 《성경》이나 어찌 보면 결국 작은 한 권의 책일 뿐이었습니다. 그러나 책은 분명 시대와 공간을 뛰어 넘는 위력적인 에너지를 가지고 있습니다. 《동경대전》 또한 그렇습니다. 이것을 쓴 수운 최제우도, 발간한 해월 최시형도 동학이 조선 후기 민중에게 그토록 폭발적인 인기를 끌 것이라고는 예측하지 못했습니다. 하지만 조선 후기의 역사적 상황과 맞아 떨어지면서 민중들에게 강한 호소력을 발휘할 수 있었지요.

《동경대전》에 담긴 '인내천(시천주)' 사상은 인간 평등을 바탕으로 한 인권 존중의 정신으로 사람들의 마음을 끌어안았습니다. '사람이 곧 하늘'이라는 '인내천人乃天'은 인간이 태어날 때 가장 소중한 것은 이미 자기 자신 안에 있으니 자기를 존

중하고, 또한 더불어 남을 존중하라는 '인간 존엄성'으로 연결되었던 겁니다. 더불어 우리나라를 지키고 더욱 좋은 나라를 세워야 한다는 '보국안민輔國安民'의 정신은 민족주의 운동으로 연결될 수 있었지요. 이러한 의식이 바탕이 되어 당시 무기력한 정치권에 적대감으로 표출되고, 전국적인 봉기로 발전한 것이 '동학농민운동'입니다.

우리나라에도 '근대혁명'의 역사가 있었습니다. 민중들의, 민중들에 의한 아래부터 시작한 근대혁명이 바로 1894년에 일어난 '동학농민운동'이었습니다. 역사에서 '근대'가 중요한 이유는 어떤 민족이나 국가 안에서 자체적으로 발전할 수 있었느냐 그렇지 않느냐 하는 것을 알 수 있는 잣대이기 때문입니다. 근대혁명과 근대정신은, 즉 제국주의 열강의 지배 없이도 자체적으로 근대사회로 진입할 수 있었다는 것을 의미합니다. 동학의 인간 존엄은 다른 말로 하면 '시민권을 보장해 달라'는 요구로, 조선 후기 우리 민중들의 근대정신의 발현이었던 것입니다.

그런 동학농민운동을 이끌 수 있었던 사상적 토대를 마련한 《동경대전》.

종교를 가지고 있지 않은 나에게는 '한울님'의 계시라고 하는 것이 와닿지는 않았지만, 읽으면 읽을수록 유교에 대한 풍부한 지식과 함께 당대의 역사적 상황을 자세히 알 수 있었고, 또 자연의 이치에 대한 궁금증과 경외를 가질 수 있었습니다. 이 책을 손에 잡은 많은 분들이 끝까지 읽어 내려가면서 동학뿐 아니라, 유교 및 동양철학까지도 맛보는 경험을 하시길 바랍니다.

새벽에 혼자 일어나 《동경대전》의 원고를 쓰면서 '갑자기 한울님이 나타나면 어쩌지?' 하는 두려움에 떨고 있노라면, 컴퓨터 타자 소리에 부스스 일어나서 환하게 웃어주던 나의 아들, 딸이 있었기에 끝까지 마칠 수 있었습니다. 이 자리를 빌어 고마움과 사랑을 전하고 싶습니다.

곽은우

| 그림 작가 머리말 |

자신을 사랑하고 남을 존중하는 동학정신

많은 혁명들이 있습니다. 그 혁명으로 싸우기도 하고 더 커지면 전쟁까지 하기도 합니다. 성공하지 못한 실패한 혁명들도 많이 있습니다. 그렇다고 실패한 혁명이 필요 없거나 무의미한 행동이었다고 말할 수 있을까요?

실패한 혁명! 그것은 더욱 발전된 새로운 시대로 가는 힘이라 할 수 있습니다.

그리고 그 속에는 많은 여러 인물들이 있습니다. 그들은 싸우고, 다치고, 때로는 죽음을 선택하면서까지 함께 합니다. 역사 속에 그 혁명이 있었기에 지금의 우리들이 누구나 평등하게 신분이나 성별로 차별 없는 시대에 살고 있다고 봅니다.

서울대 선정 인문고전 50선 《최제우 동경대전》을 작업하는 동안 우리나라의 역사에 고마움을 느끼며 지금도 혁명은 보다 나은 우리들의 삶을 위해서 다른 형태로, 다른 표현으로 계속해서 움직이는 진행형이라 생각합니다.

우리나라의 역사에서 이러한 혁명을 만들어낸 인물들을 하나로 움직이게 한 최제우의 《동경대전》. 동학이 지금을 사는 우리에게 여전히 중요한 의미로 다가오는 것은 《동경대전》 안에 담긴 인간 존중의 사상 때문입니다. '한울님은 모든 인간의

안에 들어가 있으므로 한울님을 바르게 섬기는 방법은 스스로를 사랑하고 다른 모든 사람들을 한울님을 대하는 정성으로 사랑하고 공경과 예로써 대한다.'는 인간 존중의 정신은 현대를 살아가는 우리에게도 여전히 필요한 정신입니다. 수운 최제우가 위대한 것은 철저한 신분제에 의해 나누어진 봉건 제도 아래서 이러한 생각을 피워냈다는 것입니다.

《동경대전》의 가르침처럼 모든 사람이 스스로를 사랑하고, 남들을 정성된 마음으로 공경과 예로써 대하게 된다면 그 어떠한 다툼도, 범죄도, 전쟁도 없어진 낙원일 텐데 말입니다.

《동경대전》을 접하는 모든 독자들이 자신의 마음뿐만 아니라 겉모습까지도 아끼면서 소중히 여기고, 더 나아가 타인까지도 존중하고 배려하는 사랑할 줄 아는 그런 마음을 키워 나갈 수 있기를 바랍니다.

끝으로 가족들과 도움 주신 모해규 교수님, 친구들에게 감사와 사랑을 전합니다.

김분묘

| 차 례 |

조선, 개항 그리고 동학 바로 알기

유학

제1장 《동경대전》은 어떤 책일까?

동경대전

《동경대전》이라고 들어 본 적 있니?

없는데…

'성경'은 잘 알겠지만 '동경'이라고 하니까 조금 낯설지?

너 나보다 유명해?
아니~

그리스도교의 《성경》이 하느님과 예수님의 말씀을 담은 경전이라면,

내가 하는 말을 받아 적어라.
사사삭!

'동경'은 '동방에서 생긴 학문'인 '동학'의 경전이라고 생각하면 돼.

동학
東 동녘 동
學 배울 학

여기서 '대전'이란 많은 자료를 집대성해서 종합하여 체계를 갖추었다는 의미에서 붙은 말이란다.

어… 이게 아닌가 보네.

그럼 먼저 '동학'이 뭔지 알아야겠지?

가보자고~
동쪽

동학은 조선 후기였던 19세기에 농민과 서민들을 중심으로 빠르게 전파된 사상이었어.
동학
19세기

'동학'이라는 말은 최제우가 쓴 《동경대전》에서 나온 거야.
나 최제우!

《동경대전》은 잘 알려져 있지 않아도
동학이나 인내천 사상은 들어 본 적이 있을 거야.
난 아직..

사람 인(人)에, 이에 내(乃), 하늘 천(天).
'사람이 곧 하늘이다.' 라는 뜻이지.

인내천 사상으로 대표되는 동학에서는 하늘에서 생명을 갖고 태어난 모든 것을 존중하라고 해.
그중 제일이 사람이니, 사람 섬기기를 하늘 섬기기처럼 하라는 거지.

근대의 인간 존엄 사상이나 신분을 초월한 인류의 평등이 바로 여기서 출발한 것은 아닐까?
인간 존엄성
인류 평등
준비~
출발선

조선 시대가 사농공상*의 구분이 뚜렷한 중세 신분사회였던 점을 생각해 본다면 이 평등사상은 당시로선 파격적이었지.
모든 인간은 다 하늘이다.
헉!
바보 아니야?

물론 단군의 홍익인간 정신에서부터 유교의 도덕 원리까지 인간의 존엄성을 얘기하지 않은 것이 없겠지만

인간 존엄성이 최고~

단군

공자

홍익인간정신

유교의도덕원리

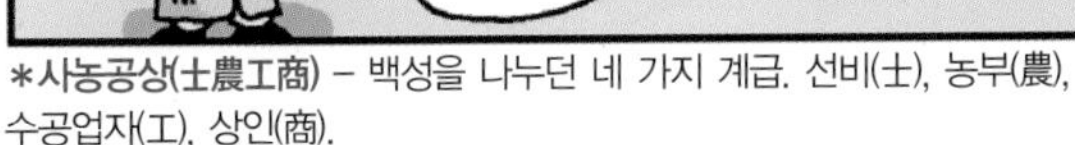
*사농공상(士農工商) – 백성을 나누던 네 가지 계급. 선비(士), 농부(農), 수공업자(工), 상인(商).

이 사상은 조선 후기 정치상과 맞물려서 평민들이 직접 깨우친 것이었어.
번뜩

우리나라에는 혁명이 없었다고, 프랑스나 영국을 부러워 하는 친구가 있다면 자부심을 가져도 좋아.
짜~잔!

우리나라 내부에서 생긴 민중들에 의한, 민중을 위한, 민중의 혁명이 바로 동학 농민운동이라고 할 수 있으니!
동학 농민 운동

최제우는 성리학의 거성이었던 퇴계 이황의 학풍을 이어 받았던 학자 집안의 자제였지만,
이황 퇴계
자~ 받아라.
1,000

벼슬을 하지 않았기 때문에 경제적으로는 어려움을 겪었어.
벼슬만 했어도…. 배고파….
쌀 없다.
꼬르륵~

게다가 아버지가 돌아가시고…
엉~ 엉~
아들아, 너무 슬퍼하지 말아라.

생계를 꾸려야 하는 가장으로서 할 일을 찾아 나서야만 했던 그는
그래! 돈을 버는 거야.

할 수 있는 일이 없다는 걸 알고 괴로워했지.
난 할 줄 아는 게 공부밖에 없는데….

그러다가 시작한 것이 수련 생활이었어.
가자!

몇 년 동안 장사를 하기 위해 전국을 떠돌며 보고 느낀 것이 '무엇인가 이상하다. 이것은 아니다.' 였거든.
대전
대구
이상해. 이상해. 이상해. 이상해. 이상해. 이상해.
부산

전통 유학의 가르침대로 세상이 돌아가지 않는다는 걸 알게 된 거지.
왜~ 안 돌아갈까?

그래서 도를 얻기 위해
道

조용한 암자나 산속을 다니며 명상과 기도를 했는데,

경주의 용담 동굴에서 놀라운 체험을 하게 된 거야.
경주 용담동굴
헉!

1860년 4월, 최제우는 이유 없이 온몸이 아프고 오한증이 났는데 그때 문득 한울님*이 나타나 본인을 '상제**' 라고 설명하면서,
난 상제로다.
덜덜덜

최제우에게 흰 종이를 펼쳐 들도록 한 후 도를 내려 주셨지.
道

그 글을 받아 불에 태워 재를 물에 타 마셨더니 앓던 몸이 말끔하게 나은 거야.
오~

*한울님 – 천도교의 신앙 대상으로, 하느님을 말함.
**상제(上帝) – 하느님

그 후 한울님의 뜻에 더욱 집중하여 수련하고 도를 얻은 후 한울님이 주신 도가 옳다는 것을 깨우치고 세상에 알리기 시작했고
道
道
道
道
道

그때 기록한 글들을 모아 엮은 것이 바로 이 《동경대전》이지.
힘들었어
동경대전

한울님의 가르침을 전파해 주는 스승으로서 최제우는 이렇게 '동학'의 창시자이자 제1대 교주가 된 거야.
경 제1대 교주 최제우 축

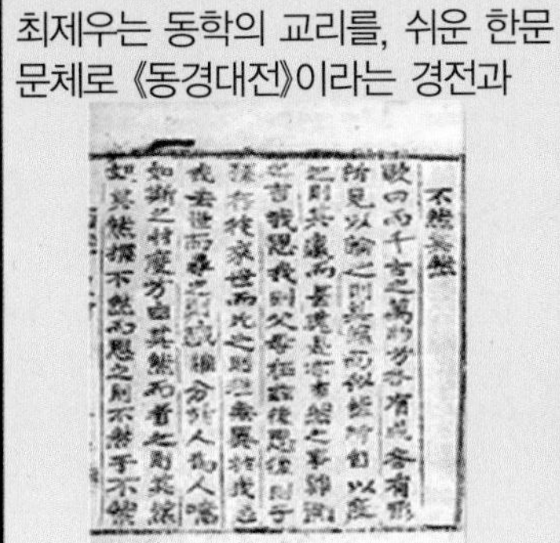
최제우는 동학의 교리를, 쉬운 한문 문체로 《동경대전》이라는 경전과

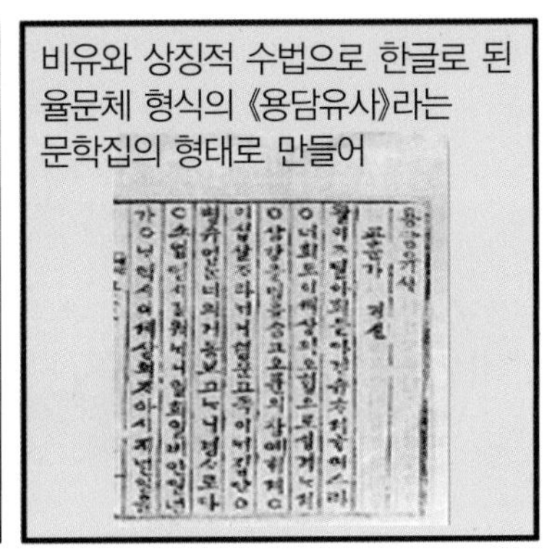
비유와 상징적 수법으로 한글로 된 율문체 형식의 《용담유사》라는 문학집의 형태로 만들어

한울님의 말씀을 전파했어.

음~ 잘 하고 있군!

한문으로 쓴 《동경대전》이 사대부과 식자층을 위한 것이라면,

음~

좋군!

대중적인 교리서 역할을 했던 것이 《용담유사》라고 보면 되지.
와글
와글
용담유사

《동경대전》은 총 4,846자로 기록된 그리 두껍지 않은 한 권의 책으로 묶여 있어.

한울님과의 만남을 기록한 〈포덕문〉,
포덕문

제자들과 함께한 동학에 대한 질문과 대답을 기록한 〈논학문〉,
논학문

동학의 수련 방법과 실천 수행의 원리를 담은 〈수덕문〉,
수덕문

사물과 생명 현상의 기원에 대한 내용을 담은 〈불연기연〉.
불연기연

이렇게 네 편이 본문의 내용으로 그 중심을 이루고 있어.
·목차·
1. 포덕문
2. 논학문
3. 수덕문
4. 불연기연

여기에다가 최제우가 지은 각종 한시와 의식 설명문, 주문 등의 내용이 단문 형식의 글이 별책으로 묶여 있어.

절구
강시
좌잠
화결시
입춘시
탄도유심급
축문
별책

보통 다른 종교의 교주들은 신통한 능력을 발휘하면서 신성스럽게 추대받는 경우가 많은데,
짝 짝
짝
벙어리가 말을 하게 하고 앉은뱅이가 일어서게 하는 바로 그분입니다!

동학에서는 그렇지 않아. 최제우는 '스승님'으로 호칭되었고,
스승님!
스승님!
스승님
스승님!
스승님~

최고 전성기에 있을 때 도통을 2대 최시형에게 넘겼고, 이는 3대 손병희, 4대 박인호로 이어졌어.
2대
3대
4대
헉 헉
달려-
달려-

즉 교주가 신령스러운 게 아니라, 한울님을 내 안에서 찾는 사상이 중요했기 때문이지.
내 안에 한울님 있다.

한울님을 직접 만나 하늘의 뜻을 받은 최제우였지만, 그는 항상 겸손했고 나이가 어리든 많든 한결같이 사람들을 공경하는 태도를 가졌어.

원래 타고난 성격이 그럴 수도 있었겠지만 그것이 바로 동학에서 가장 중요하게 여긴 사상이었지.
모든 사람이 한울님의 마음을 갖고 있는데, 어떻게 다른 사람들 위에 군림하고 권위적으로 대할 수 있겠어?

사람을 잘 받드는 것이 한울님을 받드는 것이었거든.
잘 좀 들어 봐~

사람들은 미천한 신분일수록, 천대를 받았던 아픔이 클수록 동학에 깊이 감동을 받았지.
흥

최제우는 동학을 알기 위해 찾아온 사람들에게 문 밖까지 나가서 고개를 숙여 공경하는 마음으로 맞이하며 인사를 했는데,
잘 오셨습니다.
어찌 저처럼 미천한 사람에게 이러십니까?

이 모습에 감화 받고 동학 교도가 된 사람이 많았지.
우르르

그렇다면 최제우가 전해 주는 한울님의 도란 무엇일까?
학생~ 도를 아십니까?
몰라요

먼저 '한울님'에 대해서 이야기해 줄게.
아이~ 부끄럽구먼!
헤
헤

왜 '하나님', '하느님', '천주님'도 아니고 '한울님'일까 궁금하지?
한울님
하나님
천주님
하느님

종교에서는 현세를 구원해 주고, 내세를 보장해 주는 절대적인 능력의 존재가 있기 마련이지.

기독교의 하느님이나 예수 그리스도, 불교의 부처, 이슬람교의 알라처럼 말이야.
알라

동학에서 이 같은 역할을 하는 존재가 바로 '한울님'이야.

'한울님' 이라는 뜻은 우리들이 보통 부르는 '하느님' 하고 크게 다르지 않아.
'하느님' 은 '하늘+님=하늘님' 에서 'ㄹ' 이 탈락한 거지.
도플갱어~

'하늘에 계신 우리 아버지' 가 바로 '한울님' 이라고 해도 될 것 같은데
왜 하필이면 '한울님' 일까?

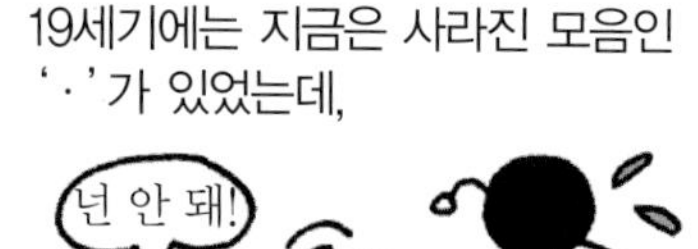
19세기에는 지금은 사라진 모음인 '·' 가 있었는데,

넌 안 돼!
19세기
19세기 기록상의 특성 때문에 '하느님' 이 '한울님' 으로 표기된 경우가 많았어.

한글로 표기되어 있는 《용담유사》를 보면 '한울님' 은 다음과 같이 혼용해서 사용됐어.
하느님
하ᄂᆞ님
ᄒᆞᆫ울님
하늘님
나?

20세기 들어와 외국에서 들어 온 가톨릭의 '하느님' 과 똑같으니 혼란스러웠을 거야.
누… 누구세요?
아까부터 있었거든?

동학을 현대적인 종교로 계승한 천도교에서 '한울님' 으로 지칭하고 있으니 우리도 이를 존중해 줘야겠지.
천도교중앙교당

한글 표기는 '하느님' 에서부터 '한울님' 까지 달랐지만

한자어 표기는 하늘 천(天), 임금 제(帝)를 쓴 '천제(天帝)' 하나였어.
크크
큭!

여기서 하늘은 실제 보이는 'sky' 가 아니라 신령스럽고 절대적 공간인 천국이라는 뜻의 'Heaven' 이라고 생각하면 될 거야.
이곳은 천국입니다

한울님은 바로 하늘(天)을 주관하고 지휘하는 존재지.
영동지방에 비… 번개 조금… 바쁘다, 바빠~

우주 만물을 질서 있게 움직이고 이것을 자연스럽게 운행해 주는 존재가 바로 한울님인 거야.

너무 자연스러워서 그 존재가 느껴지지 않지만 분명히 존재하는 그것!
바로 나야.

사람은
어디서
나왔을까?
이런 고민을 해본 적 있니?

엄마 뱃속 말고 말이야.
그럼 어디지?

생명이라는 신비한 존재에 대해 탐구를 하다보면 그 근원을 알아내기 어려워 답을 구할 수 없는 경우가 있어.
어디냐~
어디?
탐구
난 몰라~
홋~

이건 '달걀이 먼저냐, 닭이 먼저냐'의 질문보다 더 어려워.
내가
먼저야!
내가
먼저지!

과학자들은 '증거 불충분'이나 '우연히'라는 설명으로 생명의 진화나 근원에 대한 판단을 보류하지만,
무언가가
더 필요해.
증거
우연

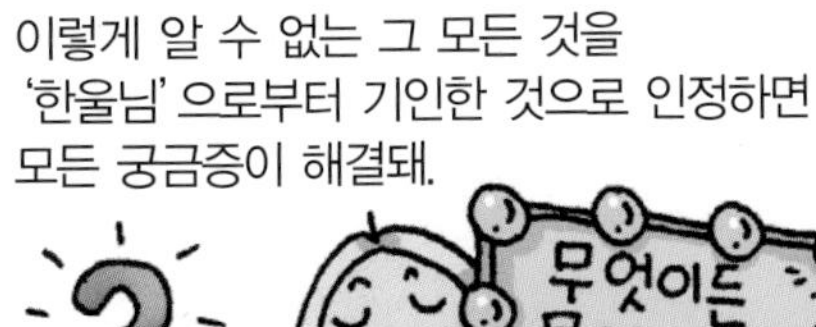
이렇게 알 수 없는 그 모든 것을 '한울님'으로부터 기인한 것으로 인정하면 모든 궁금증이 해결돼.

무엇이든
물어보세요

생명의 신비를 풀 수 있는 열쇠를 쥐고 있는 '한울님'의 존재는 멀리 있지 않아.
어디
있을까?

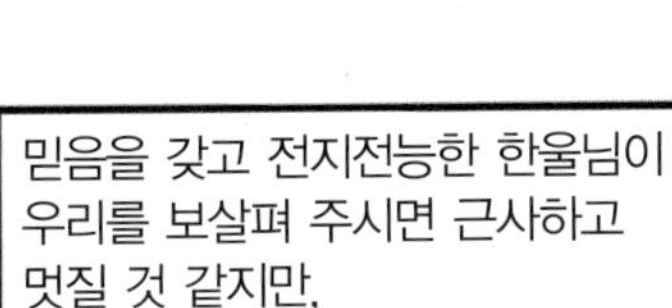
믿음을 갖고 전지전능한 한울님이 우리를 보살펴 주시면 근사하고 멋질 것 같지만,

나 해야
할 일이
너무 많아.

동학에서는 다른 종교와 조금 다르게
한울님을 믿고
따르되, 그것이 내 안에
있다고 하는 믿음!
콩닥! 콩닥!

위대하고 신성한 한울님이 바로 '나'라는 거야.
나?

즉 우리 인간이 태어날 때 한울님이 부여해 준 '천주'를 가슴 속에 가지고 태어난다는 거지.

天主!

내가
하늘의 주인
인 거야~

집단과 전체, 민족, 국가가 중요한 가치였던 시대에 개인과 '나'라는 존재를 일깨워 줌으로써 인간 존중과 평등의 싹이 틀 수 있었던 거지.
평등
인간존중

성스러운 기운을 타고난 인간을 하늘처럼 공경하고 정성을 기울여야 한다는 가르침 때문에

둥실
둥실
성스러운기운

동학의 교리는 인간을 누구나 평등하게 보고,

칫~

근본적으로 인간으로 태어난 이상 귀천이 따로 있을 수 없다는 인권 선언과 같은 역할을 했어.

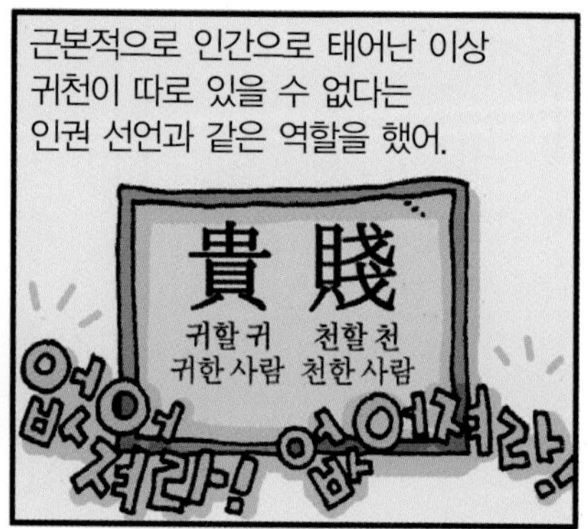
貴 賤
귀할 귀 천할 천
귀한 사람 천한 사람
없어져라! 없어져라!

최제우는 사람마다 '한울님'을 모시고 있기 때문에 사람 여기기를 한울님과 같이 모셔야 한다는 '시천주(侍天主)'를 말했고 이것을 2대 교주인 최시형은 '사인여천(事人如天;하늘처럼 사람을 모시다.)', 3대 교주인 손병희는 '인내천(人乃天)'으로 설명했지만 원래 내용은 다 같은 거지.

1대 교주 '시천주'

2대 교주 '사인여천'

3대 교주 '인내천'

자기 안의 한울님을 찾는다는 것은 태어날 때 받은 착한 심성을 되찾아야 한다는 거야.

착한 심성

살아가면서 더러워지고 욕심으로 가득 채워졌던 심성을 본래의 선한 성품으로 닦기 위해서

엄청 더럽네~
스스슥
스~슥

윤리적이고 도덕적인 수행과 실천을 강조하지.

도덕
윤리
실천
수행

가톨릭에서 기도로 하느님께 참회하며 자신의 죄를 용서받는다고 한다면,

우리 기도합시다.

동학에서는 자신의 마음과 행동을 바르게 닦고 수련하는 자율적 실천으로 자신의 더러움이 맑아지게 되는 거야.

마음
자율 실천
행동
수련

사람이 곧 하늘이라는 '인내천'이나
나, 손병희가 말한 거야.

천주를 모시고 기른다는 '시천주'는
난 1대 최제우.

단순히 종교적 의미뿐 아니라…

조선 후기라는 시대와 맞물려 역사적 의미를 갖는다고 봐야 해.
역사

평범했던 선비가 한울님을 만났다는 다소 허황한 이 내용이
평

어떻게 그 당시 우리나라 전역으로 빠른 시간 안에 퍼져 나갈 수 있었는지 생각해 보자고.
재미 있는데~
오오~

특히 농민층에게 강한 파급력을 발휘했고 그들을 정신적으로 하나가 될 수 있도록 만들었던 사건이 바로 최제우가 죽고,
안녕!

약 30여 년 후 일어났던 1894년 '동학농민운동'이야.

전라도 고부의 수령 '조병갑'의 부정부패를 참다못한 마을 사람들이 고부관아를 습격한 사건에서 시작된 동학농민운동이
저놈 잡아라~

전국적인 규합을 통해 관에 대항할 수 있었던 힘은 무엇일까?
퍽

힘 없고 천대받던 백성들이 어떻게 전국적으로 봉기를 일으킬 수 있었을까?
대전
서울
부산
대구

집권층이 위기를 느껴 청나라에 지원병을 요청할 정도였던 그 힘은 어디서 나온 걸까?

우선 동학이 어떻게 선풍적인 인기를 끌 수 있었나부터 알아볼까?
동학

민중들의 심리를 알기 위해서는 시대 상황을 알아야 할 것 같아.
19세기

19세기는 세도정치라고 해서 왕권은 약화되고 세도가문의 파벌 싸움이 극심했어.
왕~

그러다 보니 세력가와 관리들의 부정부패가 심했고,
사과

백성들은 삼정*의 문란으로 세금 독촉에 시달리다 유랑민으로 떠돌기가 일쑤였지.

견디다 못한 백성들은 각 지방에서 소요를 일으켰는데, 전국적으로 하루도 빠지지 않고 소요가 발생할 정도로 민심은 흉흉했어.

수군!

수군!

수군!

*삼정(三政) – 조선 시대 3가지 세제 행정. 토지세인 전정, 병무 행정인 군정, 비축을 겸한 행정인 환정.

하지만 이런 소규모의 소요 사태는 이내 관군의 진압으로 진정되곤 했어.
시끄러

국지적으로 관군에 대항할 뿐이었지.
와-
와-
와-
체계적인 조직력도 없으면서 왜 덤벼!

하지만 최제우가 창시한 동학의 교리가 전국에 퍼져 나가자,
동학

접주**라는 제도를 통하여 전국적인 조직이 만들어졌지.
관군

각 지역의 상황이 접주들의 모임을 통하여 알려졌고 서로 정보를 공유할 수 있었어.
우리는 하나!

그러다가 전라도 고부 지역에서 봉기한 항쟁에 동학교도들이 다 같이 뜻을 모았던 거야.
모이자!
전라도 고부지역

**접주(接主) – 동학에서, 접(接)의 우두머리.

이처럼 전국적으로 동학이 인기를 끌었던 것은 최제우가 이색적인 교리를 내세워서가 아니라,
나도!
이색적인 교리
안 돼.

전통 유교 교리에 크게 어긋나지 않는 사상을 전개했기 때문이라고 봐야 해.
부자유친
장유유서
군신유의
부부유별
붕우유신

그 당시 평민들은 시대와 정치를 비관하며 스스로를 구원해야겠다는 생각에 다양한 민간 신앙을 믿었어.
이곳에서 구원해 주소서.
무속신앙
정감록
미륵신앙

조선의 이씨 왕조가 망하고 정씨의 새 왕조가 들어선다는 《정감록》의 예언 사상은 홍경래의 난 이후 크게 유행했고,
정감록
난 미래를 볼 수 있다네.

미래불인 미륵불이 지상 세계에 내려와서 중생을 구원한다는 미륵신앙이라든지,
내가 너희들을 구제하러 왔다.

굿이나 살풀이로 귀신을 달래어 화를 피하고 복을 비는 무속 신앙이 확산되며
덩실
얼쑤
귀신아, 물러가라~
덩실

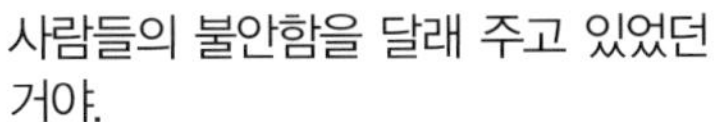
사람들의 불안함을 달래 주고 있었던 거야.

우리가 있잖아.
정말?

하지만 그것들은 모두 근본적인 철학 없이 떠돌다 사그라지곤 했지.
난 어쩌라고…
우리는 그런 거 몰라! 안녕~

하지만 동학은 달랐어.
나빠. 흑…

전통 유학자 가문에서 태어나 어렸을 때부터 성리학을 깊이 있게 공부한 최제우가 창시했기 때문에
전통 유학자 가문

우리나라 전통 사상에 뿌리를 두고 있었지.
동학
전통사상

그랬기 때문에 동학이 한학과 유학을 공부한 대다수 몰락 양반에서부터 천민에게까지 거부감 없이 수용될 수 있었던 거야.

대외적으로는 '서학'이라는 서양의 문물과 종교, 특히 천주교(가톨릭)가 양반 사대부들에게 유입되었어.
이것이 천주교라는 것이오.
아~ 가톨릭 말이오?

과연 이 서학이 우리나라를 구원해 줄 수 있을지 고민했겠지?
나만 믿으라! 그럼 구원된다.

하느님이 어려운 사람을 천국으로 인도해 준다고 했으니 분명 지상 선(善)인가?
와~
와~

하지만 서학을 믿는 서양 세력이 우리나라에 선을 베풀었느냐 하면 그건 아니었어.

특히 영국은 중국과 아편전쟁에서 싸운 후 불평등 조약을 맺으며 무리한 개항을 요구했고,
이곳을 주시오!
헉!
홍콩
홍콩을 점령하기도 했어.

정의와 인도주의를 이야기하던 서양 세력이 오히려 무력으로 동양의 이것저것을 강탈해 가고 있었어.
아싸, 꽁짜다.

형님의 나라로 섬겼던 중국이 서양 세력에 볼품없이 허물어지자,
형님… 괜찮으십니까?
으으….

동양의 자존심은 구겨졌고 두려움과 불안감은 더욱 커져 갔지.
불안감
두려움

그러한 불안감은 과거의 시대와는 다른, 뭔가 새로운 시대가 오고 있다는 느낌을 주었어.
내가 친구를 데리고 왔다.
불안감
New
Old

거대 중국조차 맥을 못 추는 서양에 우리나라가 대항할 수 있을지 의심스러웠던 거야.
에이~ 설마….
후~

이상한 시대의 기운을 직감하였고, 이대로는 안 된다는 절박한 위기 의식 속에 전환점을 찾은 거야.
전환점

이러한 시대의 변화는 폐쇄적이었던 봉건시대가 가고, 자유와 평등의 국제화 시대가 열어 놓은 근대의 시작이었다고 봐야 하지.
자유
평등
중세시대
근대시대

이러한 중요한 역사적 전환점에서

주목!

백성들은 중국의 위기, 서양 세력의 침입 등으로 불안에 떨고 있는데, 당시 우리나라 지배층들은 민심을 돌보지 못했어.

중국의 위기
서양 세력의 침략!
도대체 나라에서는 뭐하고 있는 건지, 원~
아빠, 무서워!

중국이 무너지고 프랑스 배는 해안을 넘나들고, 민심은 동요하고 있었지만,

오직 자신들의 권력 쟁취와 부귀영화에만 관심을 두었던 정치인들은

권력은 힘! 내 말 잘 들으시오.

사태를 진정시키기보다는 자신들의 잇속 늘이기, 백성들에게 세금 갈취하기 등으로 대국민적 횡포가 극에 달았으니 말이야.

하 하 하

이러한 분위기 속에서 최제우 같은 학식 높은 선비가 신비로운 체험에 의한 도를 퍼뜨리자, 사람들은 그 말에 귀를 쫑긋 세우지 않을 수 없었어.

수근 수근 수근 수근 수근~

《동경대전》의 내용을 보면

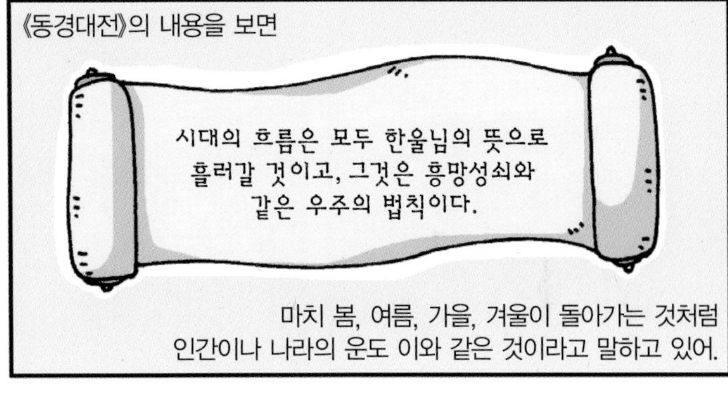
시대의 흐름은 모두 한울님의 뜻으로 흘러갈 것이고, 그것은 흥망성쇠와 같은 우주의 법칙이다.

마치 봄, 여름, 가을, 겨울이 돌아가는 것처럼 인간이나 나라의 운도 이와 같은 것이라고 말하고 있어.

당시 우리나라나 중국이 그렇게 쇠약해지는 것은 우주의 운이 '쇠' 한 때문이고,

이것은 곧 다시 부흥하여 성해질 기운으로 반드시 변화할 것이라는 개벽 사상을 통하여

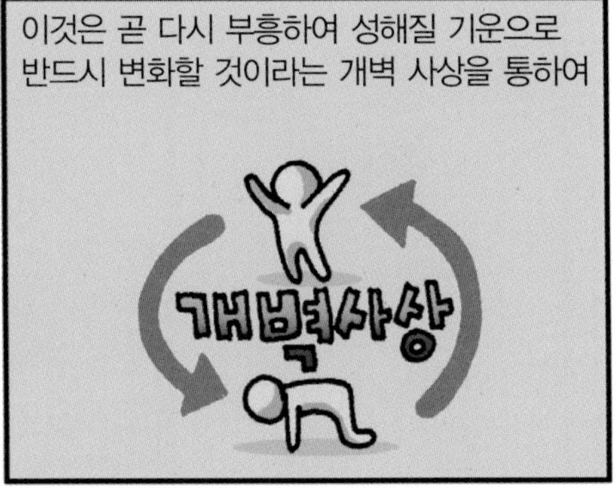
개벽사상

희망의 시대가 도래할 것이라는 메시지를 담고 있던 거야.
동경대전

결국 동학은 19세기 한국 근대사의 역사적 흐름 속에서

19세기
한국근대사
역사

잉태된 사상이었다고 봐야 해.

동학

서양 세력에게 우리나라를 빼앗길 수 없다는 민족주의적 의지가

돌아가시오!

동학이라는 사상에 강하게 뿌리박고 있는 거지.

민족적의지
동학
전통사상

우리 민족이 더 이상 기울어져 가는 쇠운을 보고만 있어서는 안 되고, 다시 부흥의 기운으로 돌아갈 수 있다는 것을 널리 깨우쳐서

다시! 아자자!

한울님의 본성을 되찾으면
된다는 거야.
동경대전

《동경대전》에서는 민족주의나 자주독립이라고 말하지는 않았지만, 결국 외세의 간섭과 침략을 거부하고,

외세의
간섭 침략
오지 마!

우리나라 토종 사상으로 단결하여 우리나라를 지키자는 소박한 민중 의식이 깔려 있다는 것을 잊지 말아야 해.

와~
와~
우리 것이
좋은 것이여~.

이제 《동경대전》을 읽어 볼 마음이 생겼니?

그럼요~

이제 조금 더 자세히 내용을 살펴볼까?

아까도 말했지만 종교의 경전이라고 생각하지 말고, 우리 민족 조선 후기의 철학책이라고 생각하고 읽었으면 해.

조선후기 철학책
동경대전

동학은 인의예지를 강조하고 있으니 다분히 공자의 도리인 유교와 닮아 있고,
어질고
의롭고
예의 바르고
지혜로움
나하고 비슷하구려.
공자.

자신의 수련과 마음가짐에 따라 자기 안의 부처를 찾자는 불교의 그것과도 유사하지.
수련합세다.

뿐만 아니라 자연 법칙의 조화를 강조하고 한울님을 '상제'라 칭하고 있는 것은 도교와 유사하고,
노자라고 합니다.

주문 21자를 받아 외우게 하는 것은 민간의 무속 신앙과도 통하는 것 같지 않니?
얼쑤~

우리나라의 토착종교 외에도,
또 있어?
와-

서양에서 들어온 천주교의 '천주'와 용어가 똑같으니
같네.
天主教
천주교
天主
천주

동학이야말로 종합예술,
천주교
신앙
도교
불교
유교
동학
종합예술

아니 종합종교가 아닐까?
동학
아이고, 무거워.

이처럼 동학은 우리 민중의 마음속에 담겨져 있던 소박한 소망과 염원이 유, 불, 선 그리고 천주교까지 포용하는 최제우의 《동경대전》을 통하여
동학에서 천주교까지, 다양한 종교들을 만나 보세요.
동경대전
★베스트 셀러
1.동경대전
2. ....
3.
빅행사

이 땅에 내려왔다고 해야 할 거야.
동경대전
쿵!
두둥!

제2장 수운 최제우는 누구일까?

道

1824년 음력 10월 새벽, 경주 월성군 현곡면 구미산 아래, 작은 시골 마을에서 아기의 우렁찬 울음소리가 울려 퍼졌어.

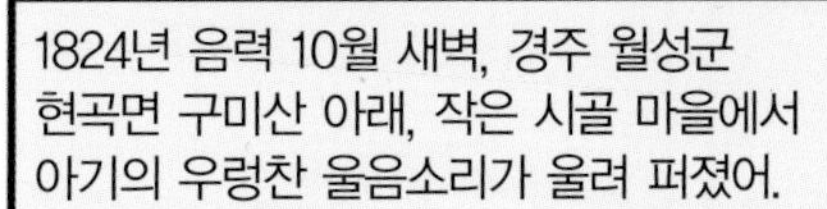

응애!
응애

서른 살 젊은 산모 곁에서 예순 살이 넘은 아버지와 누나들이 모두 반가워하며 아기의 탄생에 뛸 듯이 기뻐했지.

와ー!
호호

아버지는 자식을 보기에는 나이가 많은 63세였지만 아들이 없어서 마음 한구석 어딘가가 허전했어.

아들..

처음 결혼한 부인은 아들을 낳지 못하고 일찍 죽었고, 그 후에 다시 얻은 젊은 아내가 아들을 낳았으니 그 기쁨은 헤아릴 수 없을 정도로 컸지.

뭐 먹고 싶은 거 없소?
드디어 아들이로군.

옛날에는 지금과 달라 대를 잇고 제사를 지낼 아들을 꼭 낳아야 하는 봉건 사회였다는 걸 이해해 줘야겠지?

최제우는 어렸을 때부터 줄곧 아버지의 사랑을 독차지하면서 귀여움을 받고 자랐어.

그래서인지 나이가 들어서 남긴 글들인 《용담유사》나 《동경대전》의 책에도 아버지에 대한 추억과 사랑이 물씬 풍기는 내용이 많아.
추억
사랑

아버지는 나이가 많았지만 17세 때까지 곁에서 최제우를 지켜 주었어.

어머니는 최제우가 10세 때 홀연히 세상을 뜨고 말았으니, 어머니보다는 아버지와 좀 더 오랜 시간 함께 한 거지.

어머니에 대한 기록은 어디에도 남아 있지 않고 아버지에 대한 칭송은 곳곳에 남아 있는 걸 보면 최제우의 인생에 가장 영향력을 끼친 사람은 아버지라고 봐야 해.

최제우는 어린 시절부터 아버지 곁에서 공부하고 대화를 나누었어.

난 책을 볼 테니 넌 글을 쓰거라.

아버지가 든든하게 옆에서 지켜 주었기 때문에 어머니가 일찍 돌아가신 아픔을 견디어 낼 수 있었을 거야.
어머니, 전 외롭지 않아요.

어린 시절의 최제우는 가난했어.
아 배고파~

아버지는 벼슬하지 않은 학자였기 때문에 경제적으로는 몰락한 양반이었지.

밥은 먹고 사는가?

어째 우리보다 못한 것 같아.

가난하면 양반이라고 하더라도 생계를 도와야 했지만, 아버지는 아들이 공부하기를 원하셨어.
아버지, 제가 일 좀….
아니다. 넌 공부만 해라.

그래서 최제우는 경제적인 어려움을 느끼지 않고 충분히 사색하고 맘껏 공부할 수 있는 분위기 속에서 자랐지.

최제우를 알기 위해서는 먼저 아버지에 대해 알면 도움이 될 거야.
난 최제우의 아버지. 이름은 '최옥'이고 호는 근암공이야.
하 하 하

아버지는 총명하고 머리가 좋아 한번 읽은 것은 모조리 암기하였고,
중얼~ 중얼 ~~

경상도 지역에서 그의 총기를 모르는 사람이 없다고 할 정도로 매우 유명한 사람이었대.
와…
경상도

타고난 재능이 뛰어나서, 쉽게 이치를 깨우쳐서 아동 시절에 이미 고문을 읽었고,
어린 근암공

한번 스쳐보기만 해도 외워 버려, 숨은 뜻까지 파악해 버릴 정도였다고 하니 말이야.
음… 이런 곳에 숨어 있었군!

여덟 살 때 이미 한시를 지었고 향시라는 과거 시험에 언제나 합격했으니 그의 능력은 세상에서도 검증받았다 할 수 있지.
합격 통지서
하 하 하

최제우도 이렇게 뛰어난 아버지의 재능을 물려받았을 거야.
아이고
아버지의 지능

아버지는 조선 시대 유명한 학자인 퇴계 이황의 학풍을 이은 가문의 사람이었어.
꾸벅!
이황

젊었을 때는 벼슬을 얻기 위해서 과거시험에 뜻을 두었지.
나도 한번!

향시에 8번이나 응시해서 다 붙었지만 서울에 올라가 치르는 과거시험은 두어 번 응시했는데,
음… 이번에는 감이 좋아.

번번이 낙방했지.
이유가 무엇일까?
불합격
그러고는 벼슬길에 오르는 것이 불가능하다고 생각하고 포기했다고 해.

벼슬할 수 없었던 이유는 따로 있었어.
권세가와 줄이 닿지 않고는
아무리 능력이 출중해도
이름 없는 경주 최씨 집안
권력을 잡지 못하는 남인 출신
꼬리표를 떼고 오시오.
척!
출세할 수 없는 시대였기 때문이었어.

조선 후기 인재 등용의 부정부패를
일찌감치 깨닫고 포기한 거지.
나 과거시험 합격했다. 우리집이 좀 잘 살잖아.
에잇!!

돈을 주고 벼슬자리를 살 수
있을지언정, 가문과 출신이 나쁘면
출세를 할 수 없었던 시대였으니까
말이야.
쭈우욱
좋은 출신
좋은 가문
나쁜 출신
나쁜 가문

부패한 세상이 어떻게 움직이는 줄
알았기 때문에, 그 물에 더 이상
들어가려고 하지 않았던 거지.
흥 ―.
부패한 세상

하지만 아버지는 세상을 비난하지
않았어.
벼슬이 없으면 어떤가. 학문의 본업은 벼슬이나 출세에 있지 않고, 자신을 수양하는 데 있는 것을.

벼슬이 없었으니 집안은 점점
몰락했고, 양반이기는 했으나
서민보다도 못한 가난한 생활을
했지.
먹을 것 좀 가지고 왔소.
근데… 양반 맞나 …?

하지만 뒤늦게 낳은 아들로 벼슬의
기쁨보다 더 큰 가정의 화목을 누릴
수 있었어.
최제우의 어릴 때 이름은 복술이었는데 '복을 만들어 내는 아이' 라는 뜻으로 이렇게 부른 거야.

눈에 넣어도 아프지 않을 소중한
아들이었지만 아버지는 복술이를
보면 마음이 아팠어.
아버지 왜 또 우십니까?

왜냐하면 조선시대의
법에는 이러한 규정이
있었어.
재혼한 아내에게서
태어난 자식은
과거에 응시할 수도,
벼슬을 할 수도 없다.

최제우의 어머니는 아버지가 본부인과
사별한 후에 재혼하여 들어오신 분이기
때문에 자식도 차별을 받아야 했지.
복술아, 미안하다.

하지만 아버지는 복술이와 늘 함께 하며
학문을 가르치고, 아들이 독서에 전념할
수 있도록 많은 배려와 애정을 쏟으셨어.
이것 좀 먹고 하렴.
배려
안마 시원하지.
애정
…

아버지는 아들이 공부에 지쳐 보일 때면 말씀하셨어.
공부하는 사람은 조금이라도 느슨해지고 딴 생각을 하면 안 돼.
처음에는 아주 작은 것 같지만, 그것이 점점 반복되면 나중에는 걷잡을 수 없이 커지고 말지.

이러한 아버지의 말씀은 학문에 대한 선비의 태도뿐 아니라 자식에 대한 끝없는 사랑을 느끼게 해.
존경합니다. 아버지.

최제우는 그런 아버지의 성품을 닮아 매우 정직하였고,

솔직한 성품을 가지고 있었어.
솔직한 성품

과거에 응시하지도 못할 자식에게 공부를 가르쳐 무엇을 하려 했을까?
그러게

아마 평범한 아버지였다면 차라리 농사 기술을 가르쳤을지도 몰라.
공부해서 뭐해. 일이나 해.

하지만 아버지는 나이가 지긋한 대학자였고, 교양과 인품이 높으신 분이었기 때문에 공부는 출세하기 위해 하는 것만이 아니라고 생각했어.
교양
인품

학문이란? 출세가 아니라, 오로지 '사람 되기 위한 배움' 이어야 하고 '자기만을 위한 배움' 이어야 한다.

아버지는 금쪽 같은 자식이 무엇보다도 학업에 열중하게 하도록 했던 거야.
아무 걱정 말고 공부만 해라.

아버지 친구들이 와서는 이렇게 말했지.
저 복술이가 아주 똘똘하네, 그려.
하지만 과거를 치를 수 없으니 농사를 익혀야 하지 않겠나?

요즈음 사람들은 자식이 공부를 시작할 나이인데도 농사일을 시켜 글공부에 전념하지 못하게 하는데 이래서야 어찌 자식이 제대로 되기를 바랄 수 있겠소?
쯧 쯧 쯧

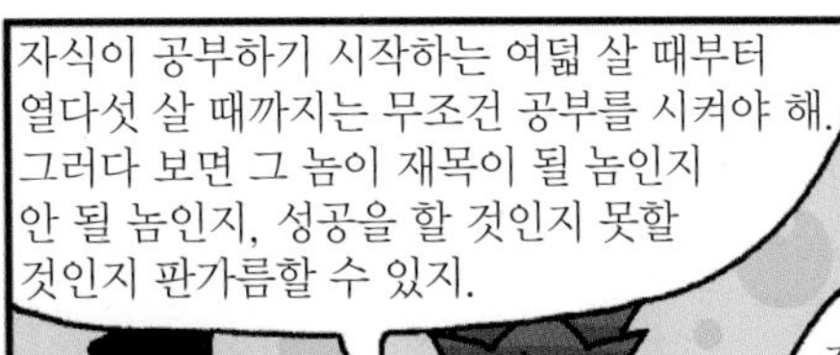
자식이 공부하기 시작하는 여덟 살 때부터 열다섯 살 때까지는 무조건 공부를 시켜야 해. 그러다 보면 그 놈이 재목이 될 놈인지 안 될 놈인지, 성공을 할 것인지 못할 것인지 판가름할 수 있지.

오—
만약 머리가 아둔하여 잘될 가망이 없거나 도무지 타고 나기를 교육이 안 되는 수준이라고 한다면 그때 가서 농사일을 가르쳐도 늦지 않을 것이야.

이러한 아버지의 교육관에 따라 최제우는 아버지가 돌아가신 17세 때까지 공부만 할 수 있었어.
공부 외길 인생 17년

10대에 양친 부모를 다 여의고…
당신, 이제 왔구려.

19세에 결혼한 후 살길이 막막했던 것도 농사일을 전혀 못 배운 선비였기 때문일 거야.
꼬르륵
할 줄 아는 건 공부뿐.

그래서 하는 수 없이 장사 길을 나섰던 거야.

장사를 하며 전국을 떠돌면서 견문을 넓혔고 도(道)를 깨우치려 했기 때문에,
넌 어떤 놈이냐? 좀 알아야겠다.
道

동학을 창시하고, 《동경대전》을 집필할 수 있었던 거야.
동학
동경대전

그뿐만 아니라 어린 시절의 충실한 공부가 도를 깨닫는 데 밑거름이 되었던 거지.
비법이 무엇입니까?
공부!

만약 최제우가 몰락 가문의 후예로 농사 기술을 익혔더라면
뭔가 어설픈데 ….

그 생애는 넉넉하고 평안했을지 몰라도 역사적으로 길이 남을 이름을 남길 수는 없었겠지.
역사
최제우

17세에 그렇게 존경하고 따르던 아버지가 세상을 떠났을 때 최제우의 슬픔과 아픔은 매우 컸어.

그보다 먼저 어머니가 돌아가셨지만, 아버지가 있었기에 견딜 수 있었던 슬픔이 더 크게 밀려 왔을 거야.
아버지의 빈자리
스믈~
스믈~

아버지는 돌아가시는 순간에도 마치 도인처럼 표연히 떠나셨어.
음…
이제
가야겠군.

갑자기 병에 걸린 아버지는 베개와 요를 반듯하게 정돈해 달라고 당부하신 후
내 나이 팔십이다. 약까지 쓸 필요가 있겠느냐?
죽음을 맞이하셨지.

새의 깃털이 날아가듯 아무 미련 없이 세상을 떴어.

10세 때 어머니를 여의고, 17세에 아버지까지 잃었으니, 이제 최제우는 고아가 되어 홀로서기를 해야만 했지.

아버지는 그렇게 예뻐하던 아들의 결혼 예정일을 잡아 두고 운명을 달리해서,
토닥
토닥

아버지가 돌아가신 후 3년 상을 다 치르고 난 후 부모 없이 혼자 결혼식을 올려야 했어.

19세 때 결혼한 아내는 울산 출신의 박씨였어. 하지만 신혼의 단꿈도 잠깐, 불행은 끝나지 않은 것일까?
내
팔자다.
아버지의
그늘이
없어서일까?

결혼 1년쯤 지난 후, 그가 태어나고 정들었던 집에 큰불이 나 다 타버리고 마는 사건이 생겼지.
활
활

이것으로 어린 시절을 함께 했던 아버지와 어머니, 그리고 집까지 행복했던 유년시절의 모든 것이 없어져 버린 거야.

그때 받은 최제우의 충격은 무척 컸어.
쿵

그 후 안락하기만 했던 가정은 정서적으로나 경제적으로나 궁핍해졌지.
배고파..

공부를 더 이상 계속한다는 것은 사치에 불과하다는 것을 알게 되었지.
활
활
활
잘 가거라!

그래서 선택했던 것은 무술 연마였어. 서자였기 때문에 과거 시험은 치를 수 없었지만,
무술을 배워 볼까?

무과 응시는 할 수 있었기에 무예라도 익히려고 몇 해를 헤매 다니며 칼과 활을 다루는 법을 배우기도 했어.

의협심이 넘치고, 무인 기질이 있었기 때문에 활과 칼도 잘 다루었지.

어려서부터 눈동자가 부리부리하고 광채가 있어 친구들이 무서워하기도 했어. 친구들이 놀리면
네 눈은 역적(逆賊)의 눈이야!

최제우는 아무렇지도 않게 외치곤 했대.
나는 역적이 될 테니 너희는 힘 없는 백성이 돼라.

하지만 무술은 최제우의 가슴을 채울 수 없었어.
널 더 이상 사랑하지 않아.

그래서 경제적 어려움을 해결하기 위해 장사를 시작하게 되었지.
오늘은 돈 좀 벌 수 있을까?

이것저것 사람들이 좋아하는 물건을 팔려고 전국의 장거리를 다녀 보지만, 장사 운이 없었는지 돈이 모이지 않았어.
통장 잔액 0원 입니다.
그럴리가?

그리고 물건 값을 흥정하는 것도 자신의 적성에 맞지 않았어.
더 깎아주시오.

10대 시절에 유학만을 공부한 선비로서 사람들과 물질적 이익을 가지고 다툼하는 일들이 힘들기만 했던 거야.
피곤해.
서비스 없소?
여긴 왜 이리 비싸요?
저쪽은 더 싸더만!

그래서 장사를 접고, 의학도 배워 보고, 점술(占術)도 배워 보며 진로를 모색해 보았지만,
적성에 맞는 게 뭘까?

모두 즐거운 마음으로 몰두할 수 있는 일이 아니었어.
장사
괴로워….

어떤 때는 시골 마을 서당에서 어린 학생들을 가르치기도 하는 등 여러 직업을 찾아다니며 20대의 청년 시절을 다 보내지.
하늘 천 땅 지…

거의 10년 간 전국을 떠돌며 안 돌아다닌 곳 없이 발품을 팔았으니,
안 가본 곳이 없군….

세상일에 대하여 보고 듣는 것이 많았어.
마음속에서 원하는 것이 무엇인지,
전국의 백성들이 어찌 살아가고 있는지,
세상은 어찌 돌아가고 있는지
배우려고 하지 않아도, 보고 느낄 수 있었지.

시골 마을에서 가만히 있었으면 몰랐을 중국 이야기, 외국 이야기, 정치 이야기들 말이야.
중국이 영국과 아편전쟁에서 졌대!
수군
황해 쪽에 이양선(외국배)이 와서 대포를 쐈대.
저 윗지방에서는 민란이 일어났대.

그러면서 느꼈어.

시대가 바뀌었다는 것을.

특히 백성들은 더 이상 양반이나 지배층의 권위를 인정하지 않는다는 것을 알았지.

농민들은 양반과 관리들의 횡포를 옛날처럼 참고, 피하고, 외면하면서 당하지만은 않았어.
다 우리 거야.
네 이놈들 두고 봐라…

참기에는 너무나 큰 분노가 쌓였던 거야.
활활

그것을 보면서 최제우는 두려웠어.

경제적으로는 몰락했을지 몰라도, 그는 양반 가문의 자제였기 때문에 서민들의 분노에 당황했던 거지.
나도 양반 가문인데.

왕도정치를 이상으로 하는 성리학자로서 서민들의 고통을 그냥 대수롭게 보아 넘기지 못하고

나라의 위기라고 생각했어.
철썩

중국이 서양세력에 맞서 패배한 사건,
사람들의 민심이 변해 가는 것,
성리학의 가르침이 퇴색되어 가는 것,
이 모든 것이 심신 수련이 부족하기 때문이야.
그는 이러한 고민을 해결할 수가 없었어.

그래서 선택한 것이 깊은 산 암자 속에서 명상과 독서, 기도를 하기로 한 거야.

몇 번이나 49일 동안 기도를 올리며 공부에 몰두하였어.

이름을 제우(濟愚)라고 바꾼 것도 바로 이때야.
공부
고통 받는 사람들을 어떻게 구제할까?

가난이나 어려움에서 구제한다는 의미
어리석은 사람을 의미
제 우
濟 愚

그러다가 32세 되던 어느 봄.

용모가 청아하고 풍채가 의젓한 한 선승*이 와서 문을 두드렸어.
계시오?

거처하는 곳에 모시고 찾아온 이유를 물어 보니깐, 진지하게 부탁을 하는 거야.

*선승(禪僧) – 참선을 주로 하는 스님.

선승이 말하길,
나는 금강산 유점사의 선승인데 불경을 읽어도 별 깨달음이 없어서 백일기도에 들어갔다네. 기도를 마치는 날 탑 아래에서 우연히 잠이 들었는데,

문득 깨어나 보니 탑 위에 한 권의 책이 놓여 있지 않겠나?

그런데 그 책을 아무리 읽어도 이해가 되지 않으니 답답하기 짝이 없네.

그 책을 해석할 수 있는 사람을 팔방으로 찾아 다니고 있었는데, 이곳에 박식한 자가 산다고 하기에 당신을 만나러 왔소.

최제우는 그 책을 훑어보니 한번에 이해가 되지 않았어. 그래서 요청했지.
나에게 사흘간의 시간을 주시오.

그 선승은 그 책을 놓고 물러갔고, 사흘 후에 다시 나타났어.
다시 왔소이다!

이때 최제우는 이렇게 말했지.
책을 다 읽고 그 뜻을 다 이해하였으니, 이제 가지고 가시오.

선승은 너무 기뻐하며
이 책의 진정한 주인은 당신입니다. 저는 책을 전하러 왔을 뿐입니다.
간청하오니, 이 책대로 행하시옵소서.
라는 말을 남기고는 홀연히 사라졌다는 거야.

후에 동학교도들 사이에서 이 책은 《을묘천서》라고 불리지.
을묘천서

1854년 즉 '을묘(乙卯)년에 만나게 된 천기(天氣)가 담겨 있는 책'이라는 의미로 신비스럽게 내려오고 있어.

하지만 이 책은 마테오 리치라는 서양인 신부가 한자어로 쓴 《천주실의》였을 것이라고 역사학자들은 추측하고 있어.
천주실의

마테오 리치는 중국에 와서 한문으로 《천주실록》이라는 천주교 교리서를 출간했는데 이것을 중국인들이 잘 이해하지 못하더래.

그래서 마테오 리치는 중국의 유학 경전을 모조리 읽어 보고,

중국 전통 사상에 부합하면서도 천주교의 교리를 설명하는 책인 《천주실의》를 썼던 거야.
슥
슥

서양학자와 중국학자가 대화를 통하여 토론하는 형식으로 썼기 때문에 중국 고전의 맥락 속에서 중국인의 마음에 들게 썼지.

그래서 설득력을 갖출 수 있었고, 우리나라 사대부들도 그 책을 가져다가 읽었던 거야.
이것이 천주실의

그 책을 읽었기 때문이었을까?
음-

하느님이라는 존재에 대해서 알 수 있었고,

전지전능(全知全能)한 절대적 능력을 갖춘 존재가 있다면 왜 우리가 이토록 고통 받고 있는지 질문하지 않았을 리 없겠지?

Why?

사람들은 배고픔에 못 견뎌하고,
서양세력은 동양을 약탈해 가고,
백성들은 화적떼로 변해 가고
양반들은 사리사욕만을 채우고,
현실에 괴로워 했던 최제우였으니 말이야.

1860년 4월, 신성한 봄기운으로 가득한 날이었어.

37세가 된 최제우는 평범한 선비에서, 동학의 스승으로 다시 태어나는 체험을 하게 되지.
휙
동학 스승님
평범한선비

감기 기운처럼 시작된 몸살이 온몸에 엄습해오고, 살이 떨리는 듯 춥더니 소름이 끼치도록 흔들리는 기운이 온몸을 감쌌어.
부들~
부들~
에취!

천지가 진동하는 것 같은 소리가 들리더니 백발의 노인이 눈앞에 나타났지.
나는 한울님이다. 너를 해치려는 것이 아니니 두려워 마라.

최제우는 부들부들 떨려 말을 잇지 못했어.
덜
덜
덜

그러자 흰 종이를 펼쳐 놓으라고 하고는 빼곡하게 글씨를 나타나게 했지.

그 뜻을 세상에 알리라는 말을 남기고 노인은 홀연히 사라졌어.
빠르다!

이때가 바로 도(道)를 체득한 결정적 순간이었어.
道

흰 종이에 새겨진 한울님의 말씀은 최제우에게만 보이고 다른 사람들은 볼 수 없었다고 해.
아무것도 안 보이는데?

아무래도 동학교도들의 우상이었으니 어느 정도는 신비롭게 과장되었겠지.

신비

평범하지 않은 이 특별한 종교적 체험은 그를 변화시켰어.
난 예전의 내가 아니야.

그는 더이상 보통사람이 아니라 한울님의 대리자가 된 거지.
그분을 만나고 왔도다.

최제우는 신비한 체험을 한 후 바로 대중들 앞에 나서지는 않았어.
아직은 때가 아니야.

한울님의 존재에 대해서 다시 생각해 보고 공부하고 수련하며 몇 개월을 흘려 보냈지.
좀더….

그리고는 깨달았어. 한울님의 말씀이 진리이고 이를 세상 사람들에게 알려야겠다고 말야.
이제 때가 됐어.

그래서 사람들에게 이야기를 했고 글을 남긴 거야.
한울님에 대해서 아십니까?

그를 따르는 제자들이 하나둘 씩 생겨나고, 그 세력은 놀랄 정도로 빠르게 퍼져 나갔지.
어느새….

그는 언제나 자연과 인간을 공경해야 한다는 것과 한울님을 모셔야 한다는 이야기를 하였지.
그럼
그럼

사람들은 최제우를 스승으로 모시고 그를 따르기 시작했어.
스승님~

그와 만난 사람들이 회상하기를,
선생님은 키가 크지도 작지도 않은 알맞은 키였고, 걸음걸이는 다른 사람과 다를 게 별로 없었어.
항상 기도하실 때는 정좌하여 앉아 사람을 대하시고,
사람이나 물건을 대할 때 공경과 정성으로 하셨으며 사람의 나이가 적고 많음을 막론하고 더할 수 없는 공경으로 대해 주셨기 때문에 아주 특별한 분이었지.
행동하는 바가 신중하며 위엄 있는 태도가 정당하셔서 한번 보고 나면 잊을 수 없을 정도로 강한 인상을 남기는 분이었지.
다~ 내 이야기군!

최제우는 새로운 도의 가르침을 세상에 알리기 위해서 더 이상 산속에 몸을 숨기지 않았어.

그러다 보니 득도한 지 2년 만에 경주의 관아에 체포당했어.
함께 갑시다.

죄명은 이상한 술법으로 사람들을 속인다는 혐의였어.
니 죄를 니가 알렸다.

그러자 동네의 제자들 수백 명이 관아로 몰려가 무릎 꿇고 앉아 통곡과 호소를 하였어.

충효를 지키고 인의예지를 알고,

하늘과 사람에게 공경하라는 가르침이 어찌 사악한 가르침이오?

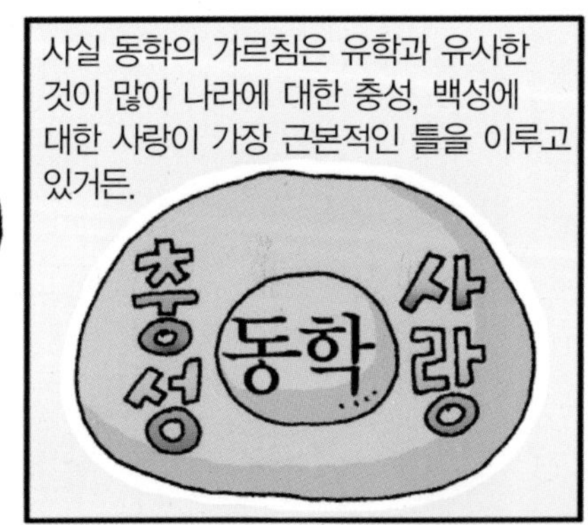
사실 동학의 가르침은 유학과 유사한 것이 많아 나라에 대한 충성, 백성에 대한 사랑이 가장 근본적인 틀을 이루고 있거든.
충성
동학
사랑

최제우가 체포된 그날부터 경주의 관아는 늘 사람들의 읍소로 시끌벅적하였어.
북적!
북적!
아이구~ 시끄러~

경주의 수령은 생각했지.
이미 최제우는 쉽게 건드릴 수 없는 인물이군.
이러다가는 일이 더욱 크게 벌어지겠다.
벌떡!

그래서 경주 수령은 최제우에게,
세상 사람들을 유혹하지 말도록 하라.
내 말을 명심한다면 더 이상 죄를 묻지 않고 풀어 주겠네.
라고 말하고 석방해 주었어.

최제우의 석방에 제자들은 뛸 듯이 기뻤어.
역시 우리 선생님이 옳았어.
와--
동학의 가르침을 관아에서도 인정했잖아?

그 사건 이후로 최제우에 대한 소문과 영향력은 더더욱 확장되어 경상도와 전라도 전역으로 번져 나가게 되었지.
소문 들었는가?
그럼~
경상도
전라도

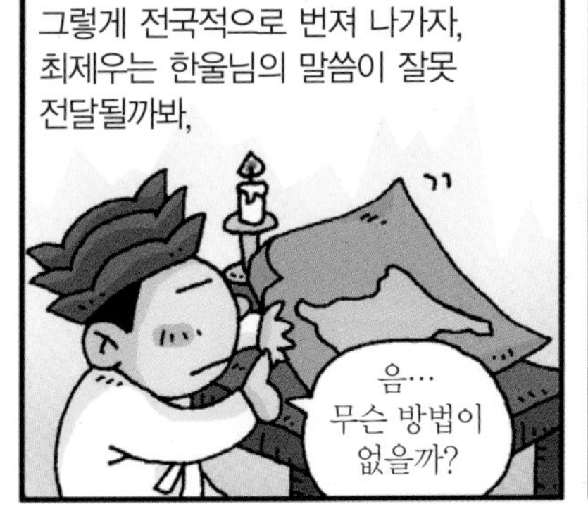
그렇게 전국적으로 번져 나가자, 최제우는 한울님의 말씀이 잘못 전달될까봐,
음… 무슨 방법이 없을까?

마을마다 접주*를 세우고 그들에게 글을 남기기 시작했어.
접주
스승님이 나에게 글을….

한울님의 바른 이야기를 담기 위해 제자들에게 쓴 글들이 훗날 2대 교주 최시형에 의해 모아졌는데 그것이 바로 《동경대전》이야.
다 모으기 힘들다.
최시형

*접주 – 동학의 지도자.

그가 동학을 삽시간에 민중들에게 퍼뜨릴 수 있었던 획기적인 포교 방법은 바로 '접제도'였어.
접제도

각 지역에 '접'이라는 조직을 만들고, 그 접을 대표하는 '접주'를 임명한 거야.
우리는… 접주.

이것은 종교적으로 보면 포교의 일환이었지만,
좀더 조직적으로 널리 알립시다.

조선 정부의 입장에서 보면 공고한 단결력을 바탕으로 하는 위협적인 저항조직이었지.
히 히 히
잡아라~

동학의 중요한 교리 중 하나가 보국안민(輔國安民)이거든.
보국안민

나라를 바르게 잡아 백성들을 편안하게 해야 한다는 이념은
즉 나라를 제대로 세워 보겠다는 민중의 소박한 애국심이었지.

외세의 침략에 제대로 대응하지도 못하고, 민심을 바로잡지도 못하는 무능력한 지배층의 눈에는 다르게 보였어.
칫-.

백성들의 애국심은 부패한 권력자의 정치생명을 해칠 수 있는 칼날이 되는 법이거든.
애국심

최제우는 동학의 창시자로서의 지위를 오래 누리지 않고,
이제 가야 할 때군.

2년 만에 2대 교주를 임명하지.
2대교주 최시형

동학에 대한 탄압을 예견한 것일까?
음...

국가체제에 맞먹는 조직적인
'접' 제도를 만들었으니,
VS

이를 책임감 있게 관리할 사람이
필요했을
거야.
누가
좋을까?

그래서 선택한 인물이 바로
자신보다 세 살 어린 최시형이었어.
2대 교주.
어린
저에게….

그에게 해월(海月)이라는 호을 주고, 1863년
8월 '수심정기(守心正氣)' 라는 네 글자를
주며 한울님의 도통을 인계했어.
감사합니다.
수심정기

2대 교주인 최시형은 최제우를
능가한다는 평가를 받을 정도로
동학을 굳건히 하고,
동학

역사에 큰 궤적을 남긴
인물이었어.

최제우는 자신의 죽음을
미리 안 것일까?

죽음

동학의 조직을 세우고, 후계자를
뽑은 지 3개월도 채 안 되어 체포를
당했으니 말이야.

최제우가 감옥에서 사형 선고를 받고
죽음을 기다리고 있을 때 최시형이
변장하고 찾아왔지!
형리를
매수해 놨으니
탈출하세요.

하지만 최제우는 아무 말없이
곰방대를 하나 건네며 고개를
저었다는 거야.
자,
받아라.

최시형은 스승의 뜻을 짐작하고 눈물로 하직하고 집으로 와서
보니 곰방대에 편지가 들어 있더래.
물 위에 등불 밝으니 의심을
낼 틈이 없고
기둥이 다 썩은 듯 보이지만
아직도 힘이 남았다.
나는 순순히 하늘의 명을 받으리니
너는 높이 날고 멀리 뛰어라.*
스승님….

*燈明水上 無嫌隙(등명수상 무혐극) 柱似枯形 力有餘(주사고형 역유여)
吾 順受天命(오 순수천명) 汝 高飛遠走(여 고비원주)

격동하는 역사의 현장에서
이슬처럼 쓰러져 가던
최제우의 말씀.
털썩

너는 높이 날고 멀리 뛰어라.

고비원주*
高飛遠走

아우이자 동지였던 최시형을 진심으로 아끼고
그를 보살피고자 했던 사랑과 함께 선구자의
사명감이 느껴지지 않니?
스승님….

*고비원주 – '멀리 달아나 자취를 감추다'는 뜻.

이 세상에 한울님이 아닌 것이 없고,
바닷가 조가비도,
나무도,
하늘을 나는 새도,
지렁이도,
꽃도,
돌멩이도.

한울님은 모두 공경의 대상이며
내 안에서 사랑으로 모셔야 한다고
말하는 동학의 가르침이
사랑해요!

그의 삶에 고스란히 녹아내리고
있었던 거야.
동학은
나의 삶이었지.

결국 최제우는
1864년(고종 1년) 음력 3월
대구에서 처형되었지만,
대구

그가 말하고자 했던 한울님의
가르침은 동학농민운동을 관통했고,

일제 식민지 시대에는 항일의병으로
이어져 천도교로 남아 지금까지 살아
숨 쉬고 있단다.
난 아직도 살아 있다.
천도교

고려대학교의 중흥을 이루어 내고
어린이날을 만든 소파 방정환,
민족지도자인 백범 김구 선생도 모두
동학교도였다는 거
아니?
와~
방정환
김구

37세 4월에 득도하여 40세 12월에
체포당했으니 그가 동학의 스승으로
살았던 생애는 3년 반밖에 되지
않지만
음
오래 하지
않았네요.

그의 사상은 《동경대전》
속에 영원히 남아 있지.
최제우의
동경대전

제3장 왜 동학이어야만 하는가?

쿵!
쿵!

그럼 《동경대전》에 대해서 어느 정도 알게 되었으니,
탁

내용을 들여다 보기 앞서

우리나라 역사상의 큰 획을 그었던
-History-
획

동학농민운동이 일어났던 이유와 배경에 대해서 살펴보자.

OK?

《동경대전》이 중요한 고전으로 자리 잡은 이유도
에헴!

바로 동학농민운동에 영향을 주었기 때문이지.
동경대전

어떤 글을 읽고 세상 사람들의 생각이 바뀌고,
이게 정말이야?
진실

사회에 변화를 불러왔다면
이걸 나만 알고 있을 수는 없어!
모두에게 알리자!

그것이야말로 위대한 고전이라고 할 수 있지.
세상을
바꾸자!

수식이 잘 되고 아름다운 글이 좋은 글이 아니라,
느끼한 대사로 프로포즈.
흥-

《동경대전》처럼 민중들의 소망과
우리가 원하는 걸 정확히 아시네요.

새로운 시대로 향하기 위한 몸부림을 담고 있기 때문에 위대한 고전이 될 수 있는 것이니까.
힘내시오. 동지들! 새로운 시대가 눈앞에 있소.

특히 동학농민운동이라는 역사적인 사건을 통하여,

동학의 의미가 빛나는 것이고, 《동경대전》이 그 명성을 누리는 것이거든.
동학운동의 핵심은
《동경대전》이군!

동학농민운동과 동학 그리고 《동경대전》의 떨래야 뗄 수 없는 관계를 알아보자고.
우린
한몸이라구.

동학농민운동은 역사학자들에 따라 '동학농민전쟁', '동학혁명', '갑오농민전쟁', '동학란' 등으로 불리기도 해.
동학농민 전쟁이야.
동학혁명 이라니까.
갑오농민 전쟁이라니깐 그러네~
동학란이 옳소.
동학농민운동

아~ 뭐가 이렇게 많아.
빙글 빙글
동학농민 전쟁
학난

'동학' 이라는 이름을 붙이는 이유는
당시 농민들을 결집시켰던 사상을 주목한 것이고,
우리 맘을 알아주는 건 동학뿐이여~
동학

'농민' 이라는 말은
와~
와
전국적인 봉기를 일으킨 주요 계층인 농민을 강조하기 위해서 붙인 것이고,

'갑오' 라는 말은
농민층에 국한된 사건이 아니라 봉기가 일어났던 1894년을 강조하기 붙은 말이야.
1894년 = 갑오년

'전쟁' 이란 말은
한판 붙자.
지배층과 피지배층과의 대립과 충돌을 강조한 것이고,

'난(亂)' 이란
지배층 입장에서 보면 농민들의 반란의 성격을 갖는다고 하여 붙은 말이지.
반란이다!

'혁명' 이란
조선의 봉건체제를 뒤엎는 사건임을 강조한 것이고.

이렇게 동학농민운동을 어떻게 보느냐에 따라 그 사건의 이름도 제각각이지.
동학농민전쟁
동학혁명
동학난
음~

이름이 제각각으로 불린다는 것은
동학농민운동
동학난
동학농민전쟁
갑오농민운동
동학혁명

아직까지 동학농민운동의 성격이 역사적으로 정확히 정해지지 않았다는 뜻이기도 해.
도대체 넌 어떤 성격인 거야?
저도 잘 몰라요.

실제로 '동학'이라는 종교의 특성만으로 말하기에는 대규모로 일어난 전국적인 항쟁이었고,

'농민'이라고 붙이기에는 특정 계층에 국한된 게 아니었거든.
농민만 있던 건 아니거든요.

'운동'이라고 이름을 붙이기에는
평화로운 캠페인 분위기는 아니었다는 거!

그러니 이도 저도 다 빼고 '갑오(1894년)'를 써야 한다는 의견도 있는 거지.
동학
전쟁
갑오
농민
운동
난

하지만 우리는 교과서에서 동학농민운동이라고 부르고 있으니
교과서
동학농민운동

그대로 사용하자.
교과서

최제우가 득도하고 3년 만에 죽었음에도 동학의 교세가 오랜 시간 동안 퍼져 나갈 수 있었던 이유가 무엇일까?
최제우
너무 일찍 돌아가셨어.
흑!

뭘까?
뭐지?

사상도 좋았지만 획기적인 포교제도였던 '접'과 '접주' 때문이었어.
내가 만들었지만 참 잘 만든 시스템이야.
접주제도

전국적으로 움직일 수 있는 조직이 있다는 것은 교통과 통신이 발달하지 못한 조선 시대로서는 매우 획기적인 네트워크망이었던 거야.
우린 핸드폰 같은 거 없어도 된데이~

그리고 후계자를 잘 뽑았다는 거!
에헴!

자신보다 동학을 더욱 견고하게 하고, 강한 힘을 가질 수 있게 했던 2대 교주를 매우 잘 골랐던 거지.
잘했다 잘했어….
스승님, 부끄럽습니다.

최제우가 동학이라는 물줄기의 근원이라고 한다면,

2대 후계자였던 최시형은 그 물줄기가 살아남을 수 있도록 물꼬를 트고,
확장공사중

둑을 쌓아 명실공히 거대한 흐름으로 흐를 수 있도록 만든 인물이었지.

최시형은 최제우가 생전에 남긴 글들을 모았고,
휙

모은 글들을 《동경대전》과 《용담유사》라는 책으로 출간하였어.
최신신간
동경대전
용담유사

최제우가 사악한 도를 전파하여 어지럽힌다는 사도난정(邪道亂政)이란 죄로 몰려 처형당했기 때문에,
사형

그가 죽은 후 최제우를 숭상하는 일은 매우 위험한 일이었어.
뒤에 숨긴 게 뭐야?
암 것도 아님.
최제우

하지만 최시형은 오랜 피신 생활을 하면서도 동학의 교세를 전국적으로 확대시키는 데 성공하였고,

최제우의 신원을 회복하기 위한 교조신원 시위도 전개하는 등 활발한 활동을 펼쳤어.
와
와
스승님은 무죄
스승님♥

하지만 최제우나 최시형 등과 같은 특출한 능력을 발휘한 사람이 있었다 해도

그것을 믿고 따르는 사상적 동지가 많지 않았다면

아무리 훌륭한 사상이라도 땅 속에 묻혀 버리고 말았겠지.

동학도
마찬가지야.
난
파묻히기
싫어!

최제우의 가르침에 전국적인 동학도들이
생겼다는 것은
동학이란
무엇인가?

민중들이 갈망하던 그 무엇과 딱 맞아
떨어졌기 때문이었지.
우리가 원하는 게
바로 그거예요!

그게 무엇인지 알기 위해서는 조선 후기
우리 민중들이 어떤 생활을 하고 있었는
지를 알아야겠지?

난 준비
다 됐어.
이번에는
어디로
가는데?

1860년에 최제우가 득도를 하였으니 우리
그때로 거슬러 올라가 볼까?
1860년

최제우가
태어날 때 조선
의 임금님은
순조였어.
10살 때
는 헌종,
득도를
하였던 37살
때는 철종,
그리고 그가
처형을 당했을
때는 고종이었어.
에헴!

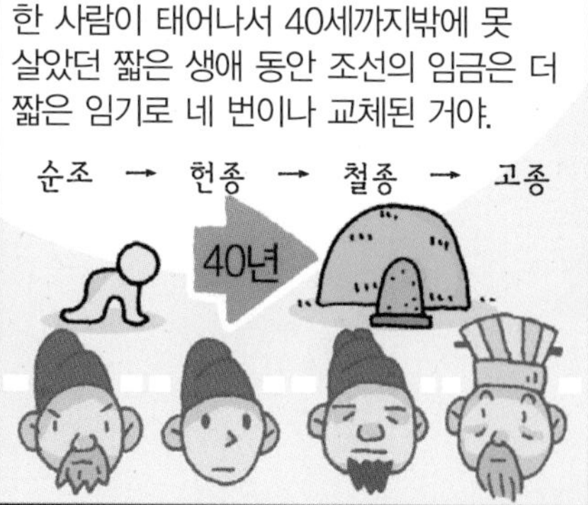
한 사람이 태어나서 40세까지밖에 못
살았던 짧은 생애 동안 조선의 임금은 더
짧은 임기로 네 번이나 교체된 거야.
순조 → 헌종 → 철종 → 고종
40년

그 이유가 뭘까?
왕이 너무
자꾸 바뀌니까
다 외우지도
못하겠어!
으앙~

그 당시 조선 말기의 임금님들은 왜
이렇게 짧은 재임기간을 가졌던 걸까?
좋은 것만
먹었을
텐데.
왜
그랬을까?

그 이유가 뭘까?
국사

선대 임금들이 일찍 죽고
아이고~
아이고~

다음 임금이 채 성인이 되기도 전에
왕위에 오르다 보니

왕권이 약해서 세도가문에 의해 정치가
이루어졌지.
왕이 어른이
될 때까지는
친척인
내가 옆에
있겠소!

왕권을 잡은 후 채 뜻을 펼치기도 전에 어린 임금들은
외척이나 왕족에 의해 왕권이 흔들렸어.
어른이 될
때까진 제 말
대로 하세요.
제 말대로
하시면
칭찬받습니다
요.

왕권이 약하니, 정권을 향한 수많은 권력자들이
힘겨루기 전쟁을 하고 있었고 말이야.

'수렴청정' 이라고 해서 왕의 어머니나 할머니가
국가의 대소사를 결정하는 회의에 참석해서,
왕이 어릴 때
우리도
맘대로
해보자.

발을 내리고 동석하여 정치에 관여하는 경우가 많았지.
이건 이렇게
하고
저건 저렇게
해라!

이렇다 보니 왕은 민심을 살필
겨를이 없었고,

양반, 지주, 관리들은 세력 다툼으로
바빠 기강이 무너졌어.

특히, 지방수령과 고을 아전의
부패가 극심했던
시기였어.
지금이
기회다!
ㅋ
ㅋ
ㅋ

조선 후기 두 차례에 걸친
임진왜란(1592년)과 병자호란
(1636년)
이후로
임진왜란
1592
병자호란
1636

백성들의 전후 피해는 복구되지 못하고
아주 어려운 생활을 하고
있었거든.

그 후 가뭄 등의 자연재해와
전염병까지 번져
민생의 고통은 매우 컸어.

하지만 국가의 최고 결정권자인 왕은 왕위를
제대로 보위하지도 못하고, 여러 당파에
의해 흔들렸으니
국가의 중심에
바로 서서 민심을
회복할 생각은
전혀 할 수가
없었어.

그러다 보니 백성들이 가장 직접적으로 만나는 지방 관리였던
수령이 사리사욕을 챙기기 위해 부정한 일을 저질러도 그것에
대한 징계나 감시가 제대로 이루어질 수 없었던 거야.
이런 짓을
나랏님이 가만히
둘 것 같소!
그 잘난
나랏님은 지금
자기들끼리
싸움중이란다.

조선 후기 백성들의 삶을 조금
엿볼까?
억울한 우리
이야기 좀
들어 보소!

제일 극심한 고통은
세금제도였어.
나라가 너희를
지켜줄 테니 돈을
내거라. 그게 세금이란다.
정치인

죽은 시체에게도 세금을
물게 했고
말도 안돼!
세금
2인분!
알게
뭐야!

집에서 기르는 개, 돼지도 명부에
올려 세금을 강탈해 가기도
했다고 해.
멍!
꿀!
오늘부터
너희도 세금을
내라. OK?

노동을 할 능력이 없는 갓난아이나 늙은
이도 부역에 동원되는 일이 허다하였고,
우리집 담벼락
쌓는 데 데려가야
겠소.
뭐요!

부역을 할 수 없으면 이를 대신해
막중한 돈을
내야 했지.
못하겠으면
돈으로 내든가~

백성들을 잘 관리하고 어려움을 살펴야 할 지방의 관리들은
백성들을 잘 보살피거라.
명심하겠사옵니다.

본분을 망각하고 자신들의 배를 채우기에 급급했던 거야.
저도 처음엔 착하게 일했어요. 그런데
화장실 들어갈 때하고 나올 때 다르다는 말 있죠?
지방 관리 김모 씨(45)

조선 후기의 문학 작품을 보면 그 어려움을 고스란히 읽어 낼 수 있어.

홍길동전

서민들이 즐겨 불렀던 사설시조에 이런 구절이 있지.
두꺼비가 파리를 물고 똥 두엄 위에 치달아 앉아
건넌 산 바라보니 흰 송골매가 떠 있거늘
가슴이 끔찍하여 풀떡 뛰어 내닫다가
똥 두엄 아래 자빠져서는,
아차! 날쌘 나기에 망정이지 딴 사람이면 피멍 들 뻔했어라.

여기서 파리는 백성을 뜻하고,
내 신세가 파리목숨이구나.

이들을 잡아먹는 두꺼비는 바로 지방 수령이야.

동물의 먹이사슬처럼 백성들을 잡아먹는 관리를 풍자한 거지.

파리를 잡아먹는 강자이면서도 송골매한테는 꼼짝도 못하며 눈치만 살피는 두꺼비는
후덜덜

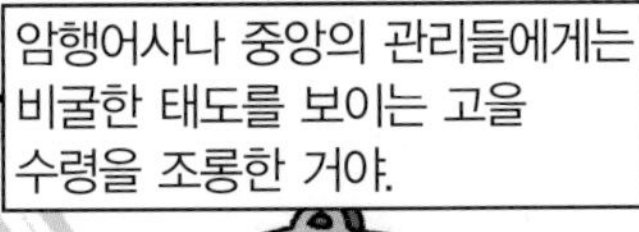
암행어사나 중앙의 관리들에게는 비굴한 태도를 보이는 고을 수령을 조롱한 거야.

마패
오돌~ 오돌~

이렇듯 관리를 조롱하는 노래가 서민들 사이에 널리 불렸다는 건
두꺼비가 파리를 물고~ 똥 두엄 위에~
속이 다 시원한 걸!
우리도 부르자.

그만큼 지방 관리들을 향한 백성들의 원망과 분노가 컸다는 것을 의미하지.

설사 최고 권력층이었던
임금님이나 중앙의 관리들이
전하,
세금이 너무
심하옵니다!

백성들에게 좋은 정책을 내세워 이를
국가 시책으로 삼는다고 할지라도,
오늘부터
억지 세금을
금지하는 법을
정하겠소!

그것이 전국으로 유포되고 시행되는
과정에서 많은 관리들은 백성들의
어려움에 아랑곳없이

자신들의 사리사욕을 채우는 데만
급급해 있었기 때문에
나만
잘 살면
장땡이지.
나라가
망하든
말든

백성들의 궁핍은 날로
심해져 갔어.
뱃가죽이 등짝에
붙었어.

가문 대대로 경제적 여유가 있는
시골마을의 부농이라 하더라도
쌀
굶기야
하겠어?

권력을 쥔 봉건 통치권자들에게 이리 뜯기고
저리 뜯겨 더 이상 생계를 유지하거나 가업을
잇기 어려웠어.

모든 분야를 막론하고 서민들
을 상대로한 갈취는 다양하고
깊게 파고들어 왔지.
난 돈
뜯어내는
365가지 방
법을 알고
있지!
자랑이냐!!

농사를 짓는 농민들에게
가장 많은 세금을 거두어
들였기 때문에
너희가
제일
만만하구나.

세금을 내기 어려운 농민들은 은을
캐기 위해 산속으로 들어가기도
했어.
내가
더러워서 농사
안 짓는다!

하지만, 정부는 농사를 그만두면
세금이 줄어들었기 때문에 광산업을
막는 억압 정책을 세웠고,
광산
농민은 광산에
출입할 수 없음
-사또

사람들은 마음 놓고 할 수 있는
일이 적었지.

화폐가 유통되기
시작하면서
상평통보
常平通寶

활발해진 시장 경제를 통해 상업으로 이익을 얻으려고 해도,
무겁게 물건 안 들고 다녀도 된다~!
돈 덕분에 장사하기 편해졌네.

정부는 대외 무역을 막았고 자유 거래를 할 수 없도록 제한을 두었어.
정부가 정해주는 대로 장사를 하시오.

뿐만 아니라 장사로 돈을 많이 모은 거상들이 생겨나자
거 상

중앙과 지방의 관청들은 집중적으로 엄청난 세금을 만들어 갈취해 갔어.
신제품
세금폭탄

농사지을 자기 땅이 없으니 농사를 지어도 소작농 신세를 면하지 못하고,
고생해서 심으면 뭐해, 내 것도 아닌데.

세금 독촉은 심해지고,

그것을 피해 채광업이나 상업을 하려 해도 관리들의 억압을 피할 수 없으니
물건 파는 상인도 하면 안 됨 -사또
농민은 광산에 들어갈 수 없음 -사또
어쨌든 다 안 됨 -사또

서민들은 살아갈 방도를 찾을 수 없었지.
그냥 죽이세요.

그러니 농민들은 세금을 피해 유랑민이 되거나,
꼬르륵~

산속 등지로 숨어 들어가 화전민이 될 수밖에.

또 어떤 이는 화적이나 도적떼가 되기도 했어.

그런 상황에서 백성들은 무슨 생각을 했을까?

같은 마을에 사는 양반이나 지방관리(향리)들은 아무 일도 하지 않고 편안히 펑펑 쓰고 즐기는데, 불공평하고 억울하다고 생각했겠지.
아빠 우린 일 안 해?
응, 우린 안 해도 돼.
냉큼 세금을 내지 못할까!
이건 너무 불공평해. 말도 안돼.

아무리 사농공상의 지위가 다르고 양반과 서민의 계급이 다른 신분제 사회라고 하더라도
사
농
공
상
선비
농민
기술자
상인

양반이나 지주들은 자신들의 신분 덕분에 아무 일도 하지 않으면서
Z Z Z

배불리 먹고 남을 괴롭히고
심심한데.
마당쇠나 괴롭힐까?

그럼에도 자기의 재산과 지위에 만족하지 않고 백성들을 함부로 갈취해도 처벌은 고사하고
아빠, 우리 이렇게 살아도 돼?
그럼, 괜찮고 말고.

대대로 떵떵거리며 사는 걸 보는 백성들은 분노로 이글이글 타 올랐지.
옛날부터 그래 왔는걸 뭐.

양반들에게 대한 분노와 지배 계층에 대한 불신이 뿌리 깊었어.
분노
불신

그런 분위기 속에서 유독 심하게 포악한 정치를 하는 관리가 부임한 지방을 중심으로 농민들은 서로 세력을 모았고,

'민란'이나 '반란'이라는 이름으로 크고 작은 봉기를 일으켰지.

봉건체제의 굴레에서
벗어나기를 간절히 희망하던
계층은

그동안 억압을 많이 받아온 가난한
농민이었어.
봉건주의

세금 독촉에 시달려 농촌에서 살지 못하고
산골로 유랑하다 '화적떼'가 된 무장대도
있었지.

그들은 백성들의 세금을 거두
어 정부로 올려 보내는 길목을
지키고 있다가

관청의 물건을 빼앗거나 부자 상인
이나 양반 집 등을 털며 의적(義賊)
임을 자부하기도 했지.
전부 내놔!
우리가 가난한
사람들과
나누어
써줄 테니!

특히 '장길산'이 이끌었던 부대는 산간의
승려 세력과 서울 양반층의 서자들과
결탁하여 정부를 뒤엎으려는 계획을
세우기도 했다고 하니깐

얼마나 민심이 나빴는지 짐작할 수
있겠지?

이러한 분위기에서 농민의
투쟁은 점점 적극적으로 변해
갔어.
댓글만 달지
말고 시위에도
참여하자!
OK!

농민들은 자신들을 괴롭히는 정부의
말단 관리인 지방의 수령과 아전을
공개적으로 비방하고 관청을
습격하기도 했어.
XXX
무개념
나쁜놈
파렴치한

관리의
죄상을 낱낱이 적어
길거리에 붙이거나
장대에 매달아
폭로하는 '괘서'
마을의 산에
올라가 큰 소리로
통치배의 비리를
고발하는 '산호'
관리의 부정을
글로 써서 던져
넣는 '투서'
고발합니다.
이러한 저항 방식을 통해서 농민들의
봉건 지배 체제에 대한 저항 의지가 성장하였고,

이러한 의식을 바탕으로 지배층과 맞서는
행동을 벌일 수 있었던 거야.

이렇게 사회적 모순이 농민층에게 더욱 가중되면서 조선 후기는 농민반란이 곳곳에서 일어났어.

1811년에는 평안도 지방의 농민들이 그 지방 지식인의 주도로 농민전쟁을 일으켰어. 이것을 '홍경래의 난'이라고 해.

몰락한 양반이었던 홍경래의 지휘로 평안도를 거의 장악했어.
홍경래
1771년~1812년

그 사건은 5개월 만에 정부군에 의해 평정되었으나 농민들의 불만이 사라진 것은 아니었어.

내부적인 모순은 갈수록 심해지고 있었기 때문에 농민들의 불만 역시 커져만 갔고 농민 봉기는 계속해서 일어났지.
내부문제
농민불만
농민봉기

이러한 불만은 특히 1862년에 수많은 지역에서 폭발했어.

수많은 농민들이 자연 발생적으로 반정부 항쟁을 전개하기 시작한 거지. 이것을 '진주민란'이라고 해.

진주에서 시작되었는데, 농민들은 탐관오리와 지방 지주들의 횡포에 저항하여 한 때 진주성을 점령하기도 했어.
와--!
와--!

수백 명, 수만 명이 모여 격렬한 항의 시위를 벌이다 자진해서 해산했지만 말이야.
모두 수고들 했소.

뚜렷한 연계 조직 없이 항쟁은 북쪽의 함흥에서부터 남쪽에 제주에 이르기까지 전국적으로 퍼져 나갔어.

그러나 아직 항쟁은 미약한 수준에서 멈출 수밖에 없었지.
우왕좌왕

아직 스스로를 조직할 능력을 갖추지 못했기 때문이었어.
휴~ 십 년 감수했네.
역시 무식한 농민들이구만, 하하.

제4장 동학과 동학농민운동

청
동학
보국안민

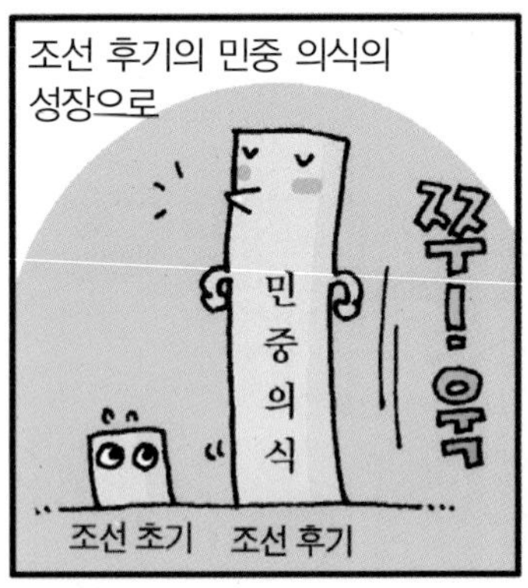
조선 후기의 민중 의식의
성장으로
쭈~욱
민중의식
조선 초기
조선 후기

농민들의 봉기가 많이
일어났지만
와~

아직 봉건체제를 뒤집어 흔들 만한 강한
영향력을 가지고 있지는 못했어.
봉건체제

하지만 동학농민운동은
이전의 항쟁과 달리
우리들은
달라!
와~

이러한 조선 후기 봉건체제를 결정적으로
해체시킨 사건이었지.
쩌~억
봉건
체제

와~
대단한데….

이전의 항쟁의 경험을 통해 전쟁을
수행할 수 있는 조직이 갖춰지고,

지도부가 형성되었으며,
지도부

농민의 폭넓은 연대가 가능해진 거야.

이러한 농민의 불만, 의식의 성장에
도화선을 붙여

신분에
불만
사회
의식
성장

농민의 가슴 속에서 활활 타오르도록
했던 사상적 원리를
제공했던
것이!
불만
폭발

바로 《동경대전》에 담겨진
동학사상이었어.
동경대전
동학

인간평등과 사회개혁을 주장한
동학은 당시 농민들의 변혁 요구에
맞는 것이었고,
동학
인간 평등
사회개혁

농민들은 동학의 조직을 통하여
대규모의 세력을 모을 수 있었어.
동학

한울님의 가르침을 온 세상에
퍼뜨리기 위하여 썼던 최제우의
《동경대전》은
잘 퍼져야
할 텐데….
슥슥

울분으로 가득 찼던 당시의
농민들에게 커다란 감동을 주었어.
이건 우릴
위한 이야기야~!
감동이야~!

불공평하다고 느껴 왔던 신분
체제에 대한 불만을 한울님이
풀어 주는 것 같았겠지?
너희들은
평등하느
니라.

그럼 동학의 전파와 동학농민
운동의 전개 과정을 좀 더 자세히
알아보자.
동학운동

동학은 1870년대 전라도, 경상도에
뿌리를 내린 후

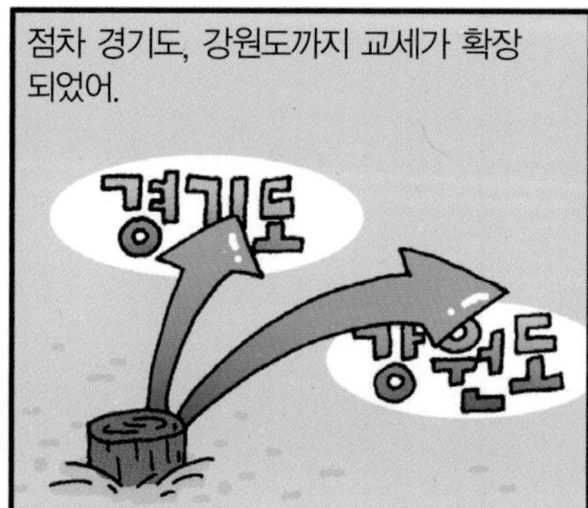
점차 경기도, 강원도까지 교세가 확장
되었어.
경기도
강원도

엄청난
전파력이었지!

1880년에는 최제우의 글을 모은 《동경대전》을
간행하여 동학은 경전을 중심으로 한 이론적
체계까지 확보할 수
있었어.
이제는
입에서 입으로가
아니라 책을
통해 전할 수
있게 됐지.

더불어 최시형의 적극적인
포교활동 결과

1890년대 초에 이르러 동학의
포교 조직은 급속도로 불어났어.
펑!

이러한 세력 신장을 바탕으로
동학교도들은 억울하게 죽은 최제우의
죄를 벗기기 위해 교조신원운동을
벌였지.
언제까지
이런 걸!
죄인
최제우
그대로
두고 볼 수는
없소.

1893년에는 동학교도 40명이 궁궐 앞에서 무릎을 꿇고 임금님께 상소를
올리며 항거하기도 했지만 별다른 효과를 얻지는 못했지.
교조의
신원을!
스승님은
죄가 없습
니다!
죄를
씻어…!
쟤네 뭐 하는
거냐?
모르겠
사옵니다.

동학교도들은 자신들의 요구가 받아
들여지지 않자 전라도, 충청도에서
대규모 집회를 개최하였어.
교주님은 무죄다!

특히 충청도 보은에서 열린
집회에서는 교조신원의 구호를
넘어 탐관오리의 축출,
탐관오리들도
잡아내라!
교주님은
무죄다!

일본과 서양 세력의 배척을 외치는
구호까지 등장하였어.
왜놈들과 양놈들도
모두 쫓아내라!
탐관오리
들도~
교주님은
무죄다!

농민들의 불만은 1894년 1월 고부 민란을 시작으로 농민전쟁으로 확대되었어.
농민전쟁
고부민란

당시 전라도 고부지역의 군수 조병갑은 말도 안 되는 제도를 만들어 백성들을 수탈하는 것으로 유명했는데,
내가 세금 걷는 것 하나는 일가견이 있지.

그 중에서도 가장 혹독했던 것이 '만석보'라는 둑이었어.
만석보

이 보는 백성을 동원하여 축조하였는데도 그 보에 대한 수세(물세)를 과중하게 매겨 착복한 것이 7백여 석이나 되었지.
내 놔.
700여석

조병갑은 여러 방법으로 백성을 착취했어.
쫙쫙 짜주지.

농민들을 강제로 동원해서 둑을 쌓고,
농사 짓다 말고 이게 뭔짓이여.
군수나리가 시키니….

임금도 주지 않았으면서 둑을 이용하는 대가로 수세를 거두어 들였지.
오늘부터 둑사용료를 내시오.
알게 뭐야.
우리가 쌓았는데!

게다가, 이미 만석보 상류에는 농민들이 쌓은 광산보라는 보가 있어 굳이 새로운 보를 쌓을 필요도 없었고,
만석보
광산보

오히려 만석보의 높이가 너무 높아서 비가 많이 오는 날이면 상류의 논들이 침수피해를 입기도 했어.
만석보

강제로 보를 짓느라 농사일도 못했고,
둑 쌓느라 농사는 반도 못 지었네….

지어 놓은 보 때문에 장마철엔 침수피해를 입고,

추수할 때에는 수세까지 뜯기니 고통이 겹치고 겹쳤던 거야.
나리, 올해는 농사를 망쳐서
그건 니들 사정이고
세금이나 내 놔.

그때 동학교도였던 전봉준이 1천여 명의 농민을 이끌고 고부 관아를 습격하여 탐관오리를 징벌하고,
전봉준

관아의 곡식을 몰수하여 주인들에게 나누어 주었어.
주인들에게 돌려 주어라.

민간에서 불법으로 수탈되었던 수세를 농민에게 돌려주었고 만석보를 허물어 버렸지.

빼앗기기만 했던 농민들은 관으로부터 탈취한 곡식과 세금을 돌려받고

새로운 시대의 '정의'를 느꼈지.
지금까지의 세상이 틀렸던 거야! 이게 바로 옳은 세상이야!

또한 동학도들은 관아의 무기고를 습격하여 무장을 강화하기도 하였어.

이런 농민군의 기세에 놀란 정부는 봉기의 책임을 물어 군수 조병갑을 체포하여 의금부로 압송하고는
니가 책임져.

새로운 군수 박원명을 임명하여 농민들을 회유하도록 하였어.
농민들 좀 달래봐.

하지만 그는 봉기의 근본적인 원인을 규명하여 수습하지 않고 모든 책임을 농민들에게 전가시키고,
원인은 모르겠고 그냥 다 니네 잘못.
뭐야!?

무고한 백성을 동학교도로 몰아 재물을 약탈하고
너희 다 동학도들이지. 가진 거 다 내놔.

목숨을 빼앗는 등 갖은 횡포를 자행하였지 뭐야.

이로 인해 민심은 더욱
악화되었어.

이 소식을 들은 동학지도부는 처음에는 왕권과
체제를 동요시키는 것은 동학의 본뜻과
어긋난다고 하여 반대하였으나
음
동학

어쩌지
…
동학

곧 민심의 소리에 귀를 기울여
이제는
못 살겠다.
나랏님도
못 믿겠다.
동학

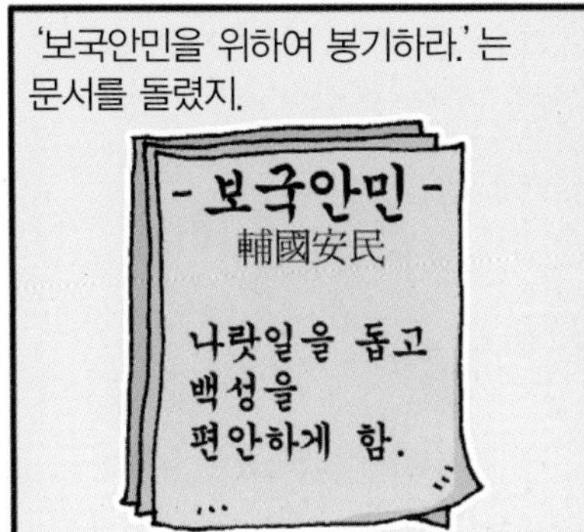
'보국안민을 위하여 봉기하라.'는
문서를 돌렸지.
-보국안민-
輔國安民
나랏일을 돕고
백성을
편안하게 함.
…

고부 일대의 각 군에서는
8천여 명의 농민들이 다시 들고
일어났어.

이것이 이른바 동학농민운동의 시작이야.

나도 동참
해야겠다.
부글
끓
부글
끓

당시 농민군은 많은 행동강령과 격문을
발표했는데 잠깐 살펴볼까?
농민운동
이라 해도
규칙을 정해서
해야 해.
규칙?
OK!
심판

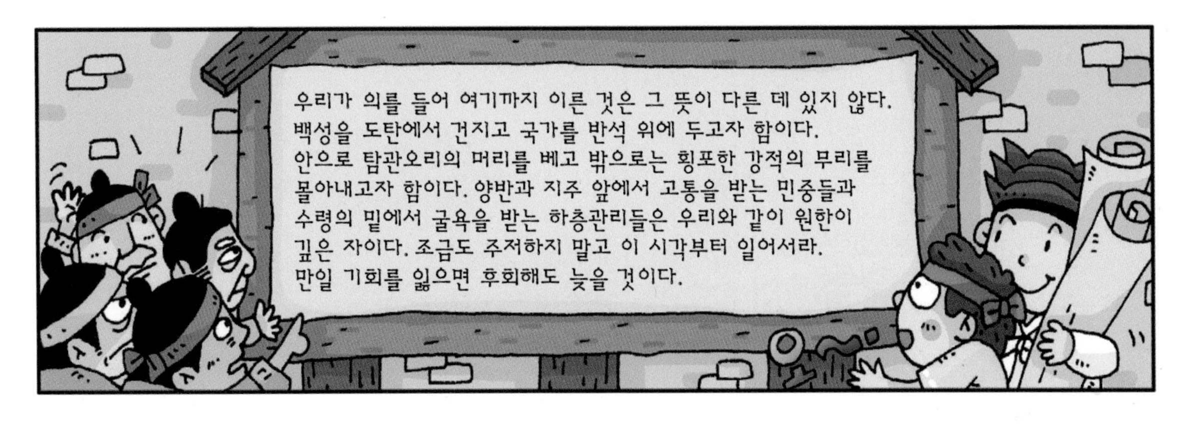
우리가 의를 들어 여기까지 이른 것은 그 뜻이 다른 데 있지 않다.
백성을 도탄에서 건지고 국가를 반석 위에 두고자 함이다.
안으로 탐관오리의 머리를 베고 밖으로는 횡포한 강적의 무리를
몰아내고자 함이다. 양반과 지주 앞에서 고통을 받는 민중들과
수령의 밑에서 굴욕을 받는 하층관리들은 우리와 같이 원한이
깊은 자이다. 조금도 주저하지 말고 이 시각부터 일어서라.
만일 기회를 잃으면 후회해도 늦을 것이다.

이들은 백성과 국가에 대한
사랑,

고통 받는 민중을 위한 봉기라는
명분을 분명히 하였어.
올바른 명분없는 투쟁은 폭동일 뿐이거든.

세부적으로는 인명이나 재산을
손상하지 말 것과
NO

충효를 다하여 제세안민(濟世安民)을
지키라는 것 등의 행동 강령을 통하여
제세안민
(濟世安民)
세상을
구하고 백성을
편안히 한다.

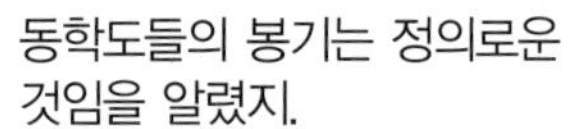
동학도들의 봉기는 정의로운
것임을 알렸지.

그 때문에 백성들도 이들의 명분에
공감할 수 있었던 거야.
나랏님보다 이들이 더 정의의 편 같아.

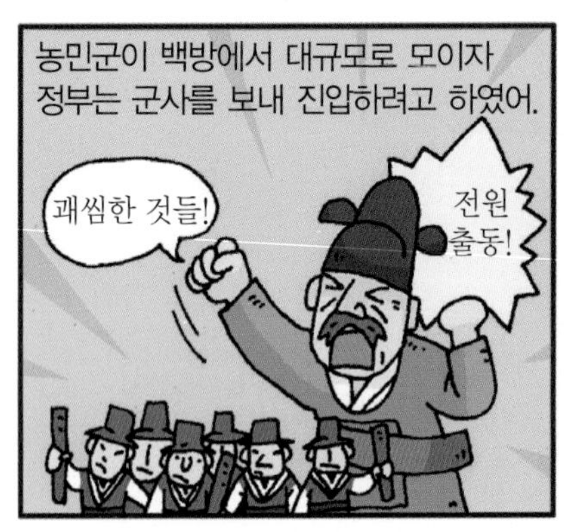
농민군이 백방에서 대규모로 모이자
정부는 군사를 보내 진압하려고 하였어.
괘씸한 것들!
전원 출동!

하지만 각지에서 모인 동학농민군은
진을 치고,

특히 황토현 전투에서 관군을
크게 무찌른 후

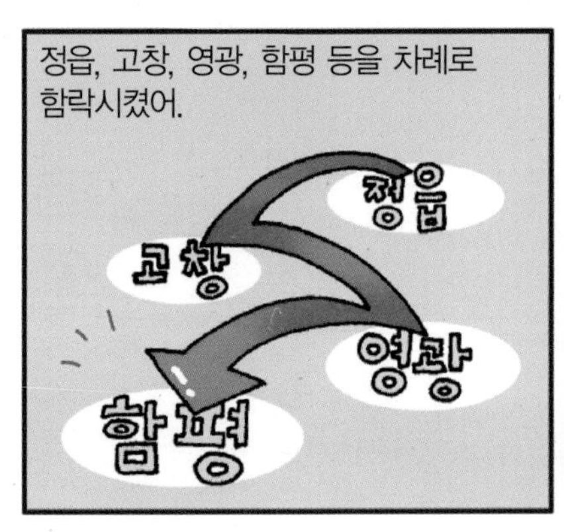
정읍, 고창, 영광, 함평 등을 차례로
함락시켰어.
정읍
고창
영광
함평

장성에서도 정부군을 크게 이긴 후 계속 북진하여 6월에는 전주성을
함락시켰지.

농민군의 위력을 말해 주는 일화를 소개해 줄게.

관군은 동학도들이 신기한 도술을 부린다고 생각했대.

관군이 신례원 토성에 포대를 묻고 동학군을 방어하며 접전을 벌이던 어느 날,

백발 노파가 이상한 옷을 입고 진중에 왔다 가더니 별안간에 대포를 사용할 수 없게 되었더래.
이히히히~
우왕~ 다 망가졌다.
이게 다 귀신 때문이야!

결국은 관군은 대포를 쏘려다가 한 방도 쏘지 못하고 패주하였지.
고장

그날 이후 관군과 일반사람들에게는 소문이 떠돌아
동학군은 비바람을 부르는 도술을 부릴 줄 알아 대포도 꼼짝 못하게 한다.

동학군만 보면 귀신 본 것처럼 무서워하고 총 한 방도 쏘지 못하고 자꾸 도망하였지.
귀신이다!
동학

지금까지도 그 지방의 사람들은 그 일을 퍽 이상스럽게 생각하지만 그것은 무슨 조화나 술법으로 그런 것이 아니라
귀신이 곡할 노릇이지.

관군의 밥을 해주던 70세 노파가 동학군과 내통하여

관군이 피곤해 자고 있는 틈을 타서 변복을 하고 대포 구멍에다 물을 붓고 도망한 것이래.

그런데도 당시 부패하고 무능했던 관군은 그것을 알지 못하고 그저 놀라서 동학군의 조화라고만 하고 도망친 거지.
귀신이다!
바보들.

이 일화를 보면 당시의 민심이 관군을 얼마나 미워하고 동학군을 환영하였는지 알 수 있지?

고부 관아를 습격한 후 약 4개월 남짓 전국적인 규모의 항쟁이 벌어졌어.
정부군은 속절없이 당할 수밖에 없었어.

그러자 급박한 위기감을 느낀 조정은 청나라에 지원병을 요청했지.
Help!!
중국

당시 조선 안에서 벌어지던 열강의 각축을 지켜보던 청나라는 흔쾌히 파병을 했지.
청
청

이제 동학군들은 관군은 물론 청나라 군사와도 싸워야 했지.
청

그때 불렸던 민요 한 구절을 한번 볼까?
새야 새야 파랑새야 녹두밭에 앉지 마라. 녹두꽃이 떨어지면 청포 장수 울고 간다.
새야 새야 파랑새야~ 너 뭣하러 나왔느냐 솔잎 댓입 푸릇푸릇 여름인 줄 알았더니 백설이 펄펄 엄동설한이 되었구나.

파랑새 민요는 당시의 정세를 은유적으로 표현하고 있지.
내가 쓴 시인 '빼앗긴 들에도 봄은 오는가' 처럼 말이지.
이상화

이 민요의 첫째 연에서 '파랑새'는 청나라 군사를
우리 살람
파란색 좋아한다 해.

'녹두꽃'은 동학운동의 지도자였던 전봉준 장군을 가리키는 말이야.
내 어릴 때 별명이 녹두장군이었지!

전봉준은 키가 작았지만 어려서부터 아이들과 놀 때 장군 역할만 했었어.
내가 대장!

몸통과 다리의 길이가 똑같고, 야무지다고 해서 녹두장군이란 별명으로 불렸다고 해.

청포장수는 이러한 녹두장군을 사랑한 민중들을 의미해.
I ♥ Y
녹두장군
녹두장군 팬카페: 청포장수

둘째 연은 청나라 군사의 입장에서 동학군을
진압하기 위해 자신만만하게 출정하여
조선 농민운동
별 것 아니다 해.
우리 살람
여유 있다
해.
여름인 줄 알고 왔는데,

곤욕을 치르게 되었다는
것을 엄동설한에 빗대어
노래한 거지.
시, 실수다
해.

지금도 곡조가 남아 있는
'파랑새 민요'는
파랑새민요

동학농민운동으로 표출된 우리 민중들의 울분이 잠깐이나마 청나라 군사를
누를 수 있다는 자신감으로 변해 있던 것을 알 수 있어.
우리 지금 진짜로
화났어!
청나라고 뭐고
필요없어!
우왓
뜨거!
와작!

여기서
잠깐!

전봉준이 동학교도가
아니라고 주장하는 사람들도
있어.
내 생각은
다르다오.

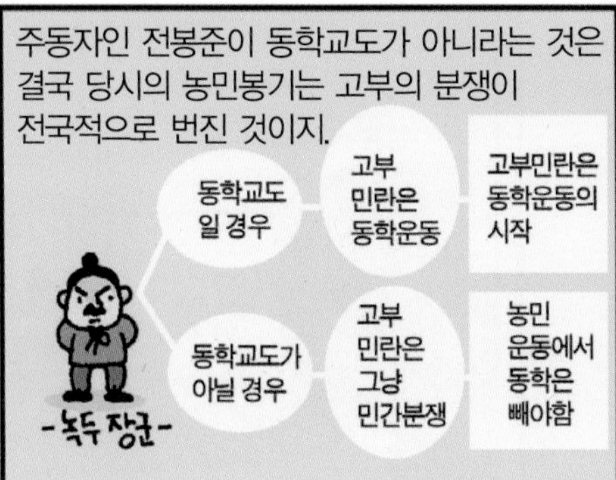
주동자인 전봉준이 동학교도가 아니라는 것은
결국 당시의 농민봉기는 고부의 분쟁이
전국적으로 번진 것이지.
동학교도
일 경우
고부
민란은
동학운동
고부민란은
동학운동의
시작
동학교도가
아닐 경우
고부
민란은
그냥
민간분쟁
농민
운동에서
동학은
빼야함
-녹두 장군-

동학과는 관련이 없을 수 있다는
얘기도 되지.
동학
농민
운동
동학

전봉준이 체포되어
관군들에게 심문을 당했을 때,
크, 억울
하다.

네가
동학교도냐?
아니다.
동학을 좋아할
뿐이다.
라고 했다는 거야.

더욱이 고부의 접주였냐는 질문에
이렇게 말했다더군.
나는 서당에서
학생을 가르치는
선비일 뿐이다.

전봉준은 동학을 믿었고,
동학교도는 아니지만 난 이 책에 있는 내용이 맘에 들어.

동학을 믿은 사람들이 일으켰던 것이 동학농민운동이라고 배웠는데 그게 틀린 것일 수도 있어.
동학

어떻게 이런 일이 가능할까?

아마도 동학의 사상과 농민운동의 이념이 '개혁'과 '인간 평등'이라는 점에서 같았기 때문일 거야.
개혁과 인간평등!
동학
동학농민운동

당시 새로운 세상을 도모하고자 했던 변화의 요구가 있었고
탐관오리를 벌하고 세상을 바로 세워야 해.
바로 이 책처럼!

그것이 체계화된 것이 동학이었지.
오, 진짜네. 딱이야!
그치?
이 책 이름이 뭐야?
몰라.

한마디로 '동학교도'라는 의식은 약했다 해도 동학의 사상에 동감하고 그를 따르고자 했던 민중은 많았다는 거지.
지금 우리에게 필요한 말들이 적혀 있구나.
Good!

동학군들은 전국적으로 승승장구를 계속하다가 일본군의 개입으로 전세가 역전되었어.
우리 왔으므니다.

일본군은 자국민을 보호한다는 구실로 조선에 병력을 파병하였어.
조선에 있는 우리 일본 사람이노 지키려고 왔스므니다.
거짓말!

당시 일본은 중국과 치열한 세력 다툼을 펼치고 있었는데 중국이 조선에 출병해 있는 것을 가만히 보고만 있을 수는 없었던 거야.
조선땅은 우리 것이므니다!
ㅠㅠ
조선땅 갖고 싶다해.

일본은 중국과 한판 붙을 좋은 기회로 생각했는지

우리 정부가 철수를 요구했지만 이를 가볍게 거절해 버리고 조선의 내정 간섭과 침략 기회를 호시탐탐 노리게 되었어.
우리가 해결할 테니 돌아들 가 주시오.
안 들려 안 들려!

정세가 이렇게 되자 농민군은
주춤할 수밖에 없었지.
이, 이건 아닌데….

서울로 진격하여 권세를 쥐고 있던
부패한 관리를 징벌하고자 했던 목표를
유보하기로 한 거야.

외세를 배격하고, 제대로 된
나라를 세우려고 했던 것이
동학의 뜻이었는데

오히려 동학교도를 진압하기 위하여
청나라 군사와 일본의 군사를 우리
땅에 발을 들여 놓게
했으니,

이런 난감하고도 모순되는 일이 어디 있겠어?

그래서 농민군은 외국세력이 물러가는
조건을 걸고, 정부와 폐정개혁안 12조의
실시를 요청하며 화해의 시도를 했어.
일단은 나라부터 구합시다.

정부는 개혁안을 받아들였고, 농민군은
철수했어.
믿고 가겠소.
걱정 마시오. 약속은 지키리다.

폐정개혁안을 보면, 동학군들이 정부에
요구한 것이 결코 사회를 뒤집는 반란이
아니란 것을 알 수 있어.
폐정
개혁안
12조

몇 개만 살펴볼까?
폐정
개혁
12

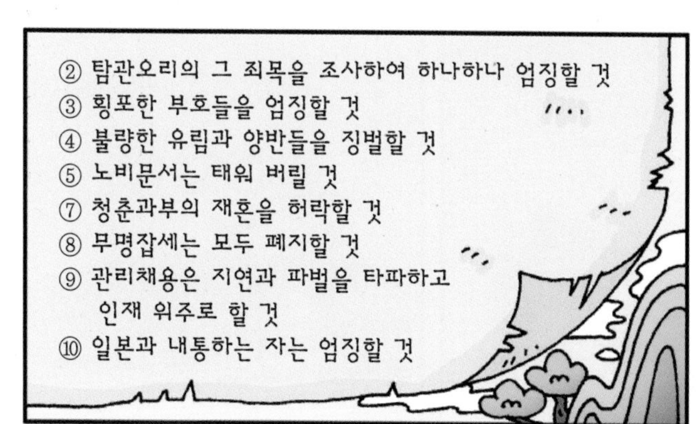
② 탐관오리의 그 죄목을 조사하여 하나하나 엄징할 것
③ 횡포한 부호들을 엄징할 것
④ 불량한 유림과 양반들을 징벌할 것
⑤ 노비문서는 태워 버릴 것
⑦ 청춘과부의 재혼을 허락할 것
⑧ 무명잡세는 모두 폐지할 것
⑨ 관리채용은 지연과 파벌을 타파하고
인재 위주로 할 것
⑩ 일본과 내통하는 자는 엄징할 것

요구사항 몇 개만 보더라도 부패한 양반의 징벌,
노비제도의 폐지, 불합리한 제도의 개선 등
근대사회로 가기 위한 사회 개혁안이었다는 것을
알겠지?
폐정
개혁안
봉건사회
민주주의

동학농민군이 자진 철수하자 정부는 청군과 일본군이 본국으로 돌아가기를 요구했어.
이제 끝났으니 돌아들 가시지요.

하지만 일본군은 조선 땅에 한번 들여놓은 발을 빼지 않고 대륙 침략의 기회로 삼고,
저기 기왕 만난 김에 이야기 좀….
?

청일전쟁을 일으켰어.

아산만에서 일본과 청나라는 크게 접전을 치렀고 거기서 승리한 일본의 내정 간섭은 더욱 심각해졌지.
앞으로 내 말 안 들으면 혼난다.
후덜덜

이에 전봉준을 비롯한 동학 지도층은
이런 버릇없는!

나라를 구하기 위해 군사를 일으키기로 결정했고

그해 9월에 2차 봉기를 일으켰어.
와아아~

외세 특히 일본을 몰아낼 목적으로 서울로 북상하기로 했어.

이때 동학농민군은 삼례에서 집회를 열고,
지난 농민운동은 부패한 정부를 고치기 위함이었고
이번에 우리가 여기 모인 것은

반외세와 반제국주의의 의지를 높이 세우고 다시 들고 일어난 거야.
일본군을 몰아내고 제국주의의 검은 손을 물리치기 위해섭니다!
와

2차 봉기 때는 동학교도들이 전국적으로 한꺼번에 일어나 10만 명에 이르기도 했어.
100000

하지만 농민군 수십만 명과 함께 서울을 향해 진격하던 동학군은 일본군이 가세한 정부군을 맞아 몇 차례 전투에서 크게 패하고 말았어.

청나라와의 전쟁에서 승리한 일본은 제국주의 대열을 갖추고 군사력을 총동원하였으니 계란으로 바위치기 격이었지.
퍽!

일본군은 정부군을 동원하여 전국적으로 농민군 소탕 작전을 벌였어.
그놈도 잡아 넣으므니다.
미안하오.
아니오. 저 일본놈이 나쁜 거지.

농민군은 직업적으로 잘 훈련 받았고,
휫-

신식 무기로 무장한 일본군과 정부군 앞에서는 상대가 될 수 없었지.
탕 탕 탕
그런 무기로는 덤벼봤자 이므니다.
악!

결국 1894년 11월 공주의 우금치 전투에서 치명적인 타격을 입고 패배하기 시작하여,
시금치 아니므니다. 우금치이므니다.

논산으로 후퇴,
논산

또다시 추격을 당하다가

결국은 패배하고 말았어.

그 후 각지에서는 농민군 소탕 작전이 지속되었지.
이놈도 저놈도
다 잡아들이므니다.

그렇게 동학농민운동은 좌절되고 말았던 거야.

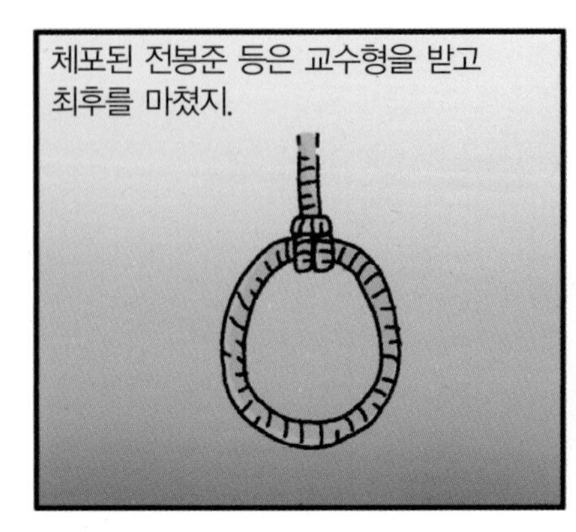
체포된 전봉준 등은 교수형을 받고 최후를 마쳤지.

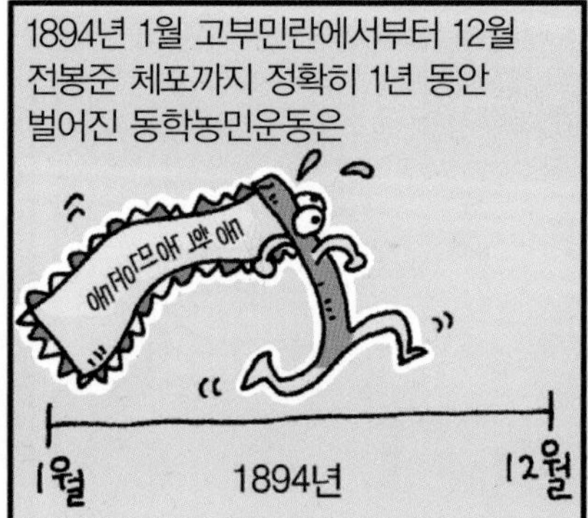
1894년 1월 고부민란에서부터 12월 전봉준 체포까지 정확히 1년 동안 벌어진 동학농민운동은
1월
1894년
12월

결국 실패했다고 봐야지.
훌쩍!

하지만 여기에 참가했던 동학 농민군은

반외세 항일 저항세력으로 남아 항일 의병운동을 전개해 나갔고
김구

3·1 독립운동의 핵심세력으로 계승되었어.
대한 독립 만세!
유관순
손병희

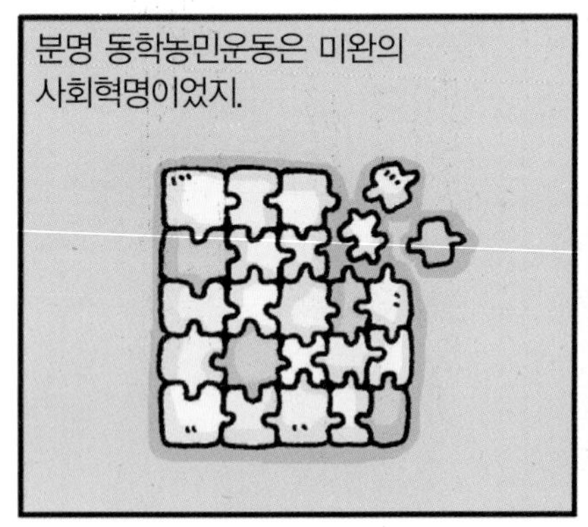
분명 동학농민운동은 미완의 사회혁명이었지.

조선의 중세적 사회질서, 즉 양반 중심의 권위적이고 봉건적인 질서를 거부하고 새로운 질서를 원했던 대중들의 혁명이었지.

농민군이 정부에 요구했던 개혁안은

폐정 개혁안 12조

구체제의 여러 폐단을 제거하고 민생을 되살리려는 의도가 엿보이고 말이야.
폐정 개혁안

맞아, 맞아.
흐뭇

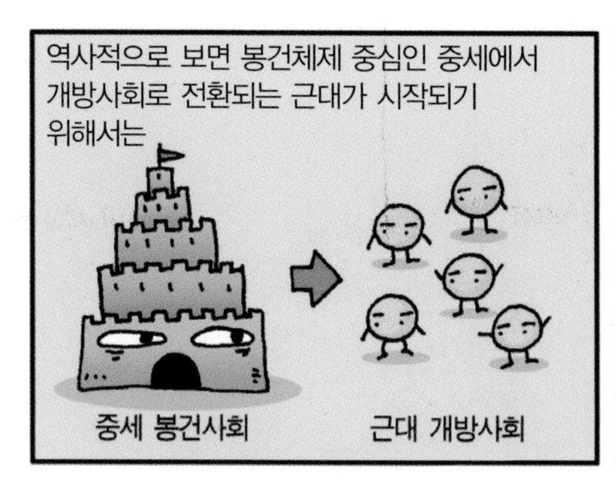
역사적으로 보면 봉건체제 중심인 중세에서
개방사회로 전환되는 근대가 시작되기
위해서는
중세 봉건사회
근대 개방사회

어떤 역사적 사건을
분기점으로 삼고 있잖아?
History

예를 들어

프랑스에서 자유와 평등을 기치로
들고 일어선 프랑스 혁명이
있었고,
활활

영국에서는 시민들이 정치권을 얻기
위한 시민혁명이 일어났고,

미국에서는 흑인 노예해방을 위한
남북전쟁이 있었듯이 말이야.

이런 세계사적인 맥락에서 본다면
우리나라의 동학농민운동이 그 역할을
담당했다고 볼 수 있어.

하지만 미완의 혁명이 될 수밖에
없었던 것은 우리 민중의 의식
부족이나 조직의 문제가 아니라

외국세력의 개입 때문이라고
봐야 해.
너희들
때문이야!

내부 체제의 모순을 타개하는 데 집중되었던 민중들의
의식은 제국주의로 무장한
일본 앞에서 힘을 발휘할
수 없었던 것이지.
제국주의

하지만 동학농민운동의 근대적 지향, 그리고 그것이
우리 민중들 스스로의 동력으로 일어난 것은 자부심을
가져도 되는 일이지.

제5장
포덕문 - 한울님과의 만남

이제부터 《동경대전》의 내용으로 들어가 볼까?
동경대전

제일 먼저 최제우가 남긴 글은 자신이 한울님을 어찌 만나게 되었는지에 대한 신비스러운 경험부터 시작하지.
신비스런 경험

'포덕문'이라고 해서 처음 시작 부분이야.
1. 포덕문
한울님의 덕을 사람들에게 알려야 하는 이유를 설명한 부분이야.

우주의 생성 이후 인류 문화의 변천과 그 변천이 현재에 이르기까지의 과정이 요약되어 있는 부분이기도 해서

타락한 세태와 서양의 침략으로 위기의식을 느꼈던 최제우의 고뇌와 생각이 담겨 있지.

자~ 이제부터 최제우의 고민, 최제우의 득도 경험에 한번 빠져 보자고.
풍덩

자연에 묻혀 가만히 관찰해 보면
신비한 일들이 제법 많아.

사람들과 같이 웃고 떠들 땐 몰랐던 것이
느껴지지.

한번
생각해 봐.

어떻게 항상 봄과 가을이 바뀌지 않고 저절로 그 순서를 지켜 돌아오는 걸까?
척!
봄
여름
가을
겨울

사계절이 성했다가 쇠하여지고, 쇠하였다가는 성하고 말이야. 한 치의 오차도 없이 어떻게 그럴 수 있을까?
전 모르죠.

그뿐인가?
밤과 낮은?
아침과 저녁은?
어쩌다 변덕을 부릴 법도 한데 말이야.

생각하고 탐구하고 연구해 보니깐,
수군
수군
탐구
생각
연구

그 이치는 다 이유가 있었던 거야.
탁!

자연의 조화가 한 번도 뒤바뀌지 않고 혼란스럽지 않게 이루어지는 것은 바로 천지조화를 만들어 내는
'하늘' 때문이야.

에이~ 그런 게 어딨어요?
보이지 않는다고 해서 믿을 수 없다고?

하지만 자연의 움직임은 눈에 보이는 거잖아.
콰르릉

콰
릉
쩍!!
이것은 분명 하늘의 존재가 인간 세상에 흔적을 남긴 것이라고.

어, 비가
오네….
사람들은
비가 오면
그냥 비가 오나
보다 하지만,

그 비가 땅에 떨어져 싹이 트게 하고, 나무가 자라게 하지. 이렇듯 하늘은
만물에 생명을 불어 넣어 주고 만물의 성장을 돕고 있는 거야.

비는 시냇물로 흘러, 강물이 되고,
바다가 되고 다시 수증기로 변해
구름을 형성하는데,
바다

그러한 자연의 대순환을
우리는 알지 못하고
지내지.

비가
안 내린다고
생각해 봐.
어떤 일이
생기겠어?
휙

공기처럼 물은 생명의 가장
중요한 부분인데도,
물,
털썩

아, 짜증나.
계속 비야!
비 좀
안 오면
안 되나?
비가 만물의
생명을 가져다 주는
하늘의 은혜와 혜택이라
고 생각하지 못하지.

달과 해가 밤과 낮으로 바뀌어 가면서
인간의 생활을 누리게 해 주는 것도
다 마찬가지의 이치인 거야.

우리는 우주의 질서와
변화를 알지 못하고
은혜라고도 생각하지
않잖아?
똑
예쁘다.
가져가야지.

그리고는 이것을 당연한 것으로 알고
고마워하지도 않지.
어차피 또
자라잖아요.

차근차근
자연과 인간의
관계를 살펴볼까?
자연 & 인간

우주가 만들어지고 난 다음에 인류가 탄생하고, 인간의 문명이 생겼어.
그런 후 사람들은 지식을 깨우쳐 문자를 만들고 역사의 시대가 열렸지.

그 중 도를 깨우친 사람은 성인이 되기도 했어.
성 인
우왓, 눈부셔!

훌륭한 지혜와 덕을 갖춘 성인들은 우주의 운행을 이해했고, 사계절의 변화, 기후, 절기의 이치를 밝혀 기록으로 남겼지.

해가 어느 방향에서 언제 뜨며, 달이 언제 기울고 차는가, 또는 별자리가 어떻게 바뀌는가? 이런 천체의 움직임을 측정하고,

그 측정을 바탕으로 사계절을 밝힌 책이 '역서(曆書)'야.
역서

요즘 이 글을 읽는 너희들은 '지구과학'이라고 부르지.
지구 과학

성인들은 모두 이런 천지 우주의 움직임을 읽을 수 있었던 거지.
바로 천명(天命)에 의해 우주가 변화하고 자연이 작용한다는 걸 깨우친 거야.

그들이야말로 천명을 공경하고 천리를 따른 거 아니겠어?

이렇게 하늘의 명을 공경하고 하늘의 이치에 순종하여 따르다 보면
인간도 우주의 한 부분이라는 것을 알게 되지.

결국은 인간의 마음 작용도 우주 만물의 변화와 똑같다는 것을 깨우치게 돼.

그러한 이치를 알고 마음을 닦고 몸을 가다듬으면 군자가 될 수 있어.

그러니 성인들과 군자들이 따르는 도(道)란 다른 특별한 것이 아니야.
天德
天道
바로 하늘의 도(천도)와 하늘의 덕(천덕)을 깨달은 것이지.

옛날의 훌륭한 성인들께서는 만물을 태어나게 하고 또 자라게 하는 그 근본 이치가 천도임을 알고,
天道

인간들이 어떻게 살아야 하는지 말씀하셨어.

天道
하늘의 변화에 거스르지 말고, 순리에 따르라는 말씀들을 남기셨지.

천덕을 실천하였으니 이 얼마나 기쁘고 또 기쁜 일이겠어?

이러한 이치를 먼저 깨닫고 마침내 군자도 되고, 나아가 성인이 되신 분들도 많으니 말이야.
天道
와~

하지만 요즘 시대를 생각해 봐.

온 세상 사람들이 각자 자신만을 위하고, 하늘의 이치를 따르지 않고 살고 있어.
저기 내 이야기를 좀 들어.
天道
국민들을 속여 볼까나.
돈이 최고
우리 애들만 ….

이기 주의
개인 주의
내 말 좀 들어!
天道

사람들은 오로지
자기만을 위하고, 하늘의 섭리를 거스르며 살아가지.

돈 때문에 다른 사람의 목숨을 빼앗기도 하고, 남의 물건을 훔치기도 하고,

폭력으로 남을 해치기까지 하는 일들이 자주 벌어지고 있잖아?

이러니, 내 마음은 항상 두렵고 편하지 않아 어찌해야 할 바를 모르겠어.
고민이다.

어느
해였던가?

서양 사람들은 천주의 뜻으로 부귀를 취하지 않고
가난하고 힘없는 자를 구한다고 아주 좋아했지.

선하고 좋은 도가 나타났다고
환영했어.
환영합니다

하지만 진짜 그런지
따져 볼까?

그들은 어려운 자를 돕는다고 해 놓고는 군대를 보내 와 우리나라의
이웃인 중국을 공격하여 점령하고 교당을 세웠어.

성경
중국이 서양세력과
전쟁을 치르면서 서양의
천주교와 기독교의 교리가
전파된 것을 알지?

아…
그렇구나!

이것이 진정한
도일까?

아닌 것
같은데요.

'서학'
그것이 알고 싶다.
-과연 하늘의 도인가?
서학이라는 것이
과연 세상을 올바르게
구할 하늘의 도인가
의심스러운 마음이
들었어.
척!
척!

그러다 뜻밖에 신기한 일을 경험하게
된 거야.
반짝
와~
어떤 일이요?
빨리 얘기해
주세요~

바로 그 해 4월 5일이었지.

마음이 섬뜩해지면서 몸이 떨려, 무슨 증세인지
도통 종잡을 수 없었어.

생각만 해도
오돌오돌 떨려.
너무 오바
아닌가…

마치 병이
들어 마음과 몸을
진정시킬 수 없는
상태와 같았으니
말이야.

우리가 쓰는 말로는 그 상태를
표현할 수 없었어.
끄응
끄응
끄응

그렇게 한참을 앓고 있었는데 문득
어디에선가 신비한 말씀이
들려오는 거야.
수근
수근
수근
수근
수근

놀라 벌떡 일어나서
벌떡

신비로운 말소리가 들려오는 곳을 향하여
조심스럽게 물어 봤어.
음…
이쪽인가?
허우적
허우적

누… 누… 누…
누구십니까?

두려워하지 말라.
무서워하지 말라. 세상 사람들이 나를
일컬어 상제(上帝)라고 하느니라.
번뜩

너는
상제를 알지
못하느냐?
에헴

나는 깜짝 놀란 와중에도 저절로 존경심이 일어났어.
털썩

어찌 저에게 나타나시어 큰 도를 주시려 하십니까?
넙죽

허허. 내가 세상을 만든 후 우주의 질서를 바르게 하고 가르침을 준 지 오래 되었다.

하지만 사람들을 잘 돌보지 못하고 세상을 점점 나빠지게만 하였으니 나도 잘한 일이 없구나.
그래서 내가 특별히 너를 세상에 태어나게 하였도다.

너도 역시 나의 뜻을 알고 지극한 정성을 다하는 노력을 하여 이렇듯 너를 만나게 되었도다.
덥석!

지금 내가 너에게 나의 법을 주어 세상의 사람들을 올바르게 가르치겠으니 이를 잘 받아야 하되, 의심하지 말고 또 의심하지 말라.

그 말을 듣고 나는 궁금한 생각이 들었어.

그럼, 서도(西道)인 천주학으로 사람들을 가르칠까요?
천주학

이렇게 물으니 상제께서는…

그렇지 않도다.
벌떡

"나에게 영부*가 있으니, 그 이름은 선약이요, 그 형상은 태극(太極)이요, 도의 형상은 궁궁(弓弓)이니 나의 이 부(符)를 받아 사람들을 질병에서 구제하고, 나의 이 주문을 받아 사람들로 하여금 나를 위하게 하면 너도 역시 장생하여 포덕천하할 것이다." – 포덕문
끄덕
끄덕
사사삭
음~.

* 영부(靈符) – 천도교에서, 천신을 그림으로 나타낸 표상.

즉 나에게 신령스러운 부적인 영부가 있으니 그 이름은 세상의 모든 질병을 구하고 선악을 구제할 수 있는 선약(仙藥)이다.
영부

이것은 우주의 근본인 나의 마음을 담고 있는 것이니,
나의 영부를 받아 사람들을 고통에서 구하고, 나아가 마음속에 들어 있는 나쁜 질병과 같은 마음을 치유하여 세상을 올바르게 구제하라.
영부

그리고 나의 주문을 받아 사람들로 하여금 나를 위하라.

그러면 너도 역시 무궁한 우주의 이치를 깨닫고 우주의 무궁함과 함께 영원한 생명을 얻게 될 터이니,

천하에 나의 덕을 펼쳐 천리와 천명을 따르는 세상을 만들어 낼 수 있으리~.
굽신
굽신

나는 그 말씀에 큰 감동을 받았어.

그리고 한울님께서 영부를 받으라고 해서 백지를 펴고 있으니, 백지 위에 어떠한 형상이 나타났어.

정말 놀라웠지.

그 모양을 그대로 붓으로 그리고 난 후 이것을 불에 태워 물에 타서 마셨어.

그랬더니 금방 몸이 윤택해지고 아팠던 몸에 차도가 생기는 거야.

내 마음이 한울님의 마음과 하나가 된 것처럼 편안해지고 말이야.
이러니 이것이야말로 선약임을 몸소 체험하게 된 거지.

한울님이 주신 영부가 질병을 치료할 수 있는 선약의 효험을 가지고 있음을 확인하고
특효약

이것을 사람들의 질병에 써 봤어.

오랫동안 심하게 앓아 심신이 약해지고 아픈 사람들에게 한울님이 주신 영부를 써 볼 수 있도록 처방을 해 주었어.
영부
처방전
심신이 허하고 아픈 사람에게 좋음

그랬더니 이상하게도 어떤 사람은 병의 차도가 있고 어떤 사람은 도통 나아지는 기미가 보이지 않는 거야.
정말 기적이에요!
순 사기꾼이구만.

그 까닭이 궁금했는데,
음~

알 수가 없었지.

그래서 그 원인을 자세히 살펴 보았어.

그랬더니, 한울님의 가르침에 따라 지극한 정성으로 한울님을 위하고 주문을 열심히 읽는 사람은 매번 효험을 보이는데,

천도와 천덕을 따르지 않는 사람에게는 효험이 없다는 것을 알게 되었지.

결국 영부로 인하여 효험이 있고 없는 것이 아니라,
영부

영부를 받는 사람이 공경하는 마음을 갖고 정성을 다하느냐에 따라 효과가 나타난다는 것을 알게 되었어.
믿고 따르면 나을 것이요, 아니면 효과가 없다오.
처방전

근래에 이르러 세상 사람들이
천리와 천명을 따르지 않아
세상이 어려워지고

서양의 여러 나라가 침략을 해와서 서학이라
는 낯선 종교가 교세를 펴고 있으니 나라와
겨레의 앞날은 날로 불안해지고 있어.
퍽!!
아야!

이것은 마치 우리나라가 학질과
같은 나쁜 병으로 가득한
것이라고 봐야 해.
백성들이
편안할 때가 한
순간도 없으니,

이것은 우리나라가 쇠락의 운수에
들어 있기 때문이 아닐까?
국가

포덕문에
있는 글을 한번
볼까?
음~
"이런 까닭으로 우리나라는 악질이 세상에 가득하여,
백성이 편안한 때가 한시도 없으니. 이 역시 상해의 운수다.
서양은 전쟁을 하면 이기고 공격하면 취하여, 이룩되지 않는
일이 없으니, 천하가 다 멸해 버리면 역시 입술이 없어지는
한탄이 없지 않을 것이다. 보국 안민의 계책이 장차
어디에서 나올 것인가?" - 포덕문

서양세력은 전쟁을 하면
이기고, 공격을 하면 못
얻어 가는 게 없을 정도로
강국임에 틀림없어.

이제 서양의 공격을 받아
중국이 망해 버리면 그 다음은
어찌되겠어?

순망치한이라고 들어 봤어?
순망치한
脣亡齒寒

입술이
없으면 이가
시린 법이지.

중국이 서양의 침공으로 망하게 되면
우리나라도 그 위험에서 벗어날 수
없다는 것을 알아야 해.

이러니 나라를 보필하고 백성을 편안하
게 하는 보국안민의 계책이 어디에서
나올 것인가?

아! 정말 슬픈
일이야.

지금 대부분의 세상 사람들은 우리나라가
쇠락의 운이 다하고, 다시 부흥하는 성운의
시대로 접어들려고 하는데도 그 시운(時運)을
알지 못하고 있어.
국가
부활의 샘

더위가 지나면 추위가 오듯이
쇠운이 다하면
성운이 오는 법이거든.

내가 아무리 한울님의 도를
전해 주어도 믿지를 못하더군.
사람들이 내 말을 듣고는
믿지 못하고,

집으로 돌아가서는 마음속으로 내 말이 그른 것이라 여기고, 거리에
나와서는 삼삼오오 짝을 이루어 의심스러운 말을 떠들어 대고
있으니 심히 두렵고 걱정스러운 일이야.
힐끔

천도와 천덕을 따르지 않는 것이
가장 큰 걱정거리인 거지.
흥
天德
天道

에휴~

혹 세상 이치를 제법 안다는 어진 사람들은 내
말을 듣고 세상 사람들이 그르다고 말하는 것이
잘못된 것을 알기도 하지만 말이야.
당신 말이
맞아요.
흑흑…
고마워
요.

한울님의 도를 믿지 못하는 사람들을 일일이
찾아가 일깨워 줄 수도
없으니 이것이 안타까운
노릇이야.
내 말을
들어보라구!

그래서 간략하게나마 글을
지어 깨우침을 보여 주려고
해.

그러니 이 글을 받아
흠모하는 마음으로
공경하여
잘 실천했으면
좋겠어.
네!
네~

제6장 논학문 1 - 한울님의 가르침이 동학

한울님이 내게 알려준 그 '도'라고 하는 것을 이제부터 설명해 볼까 해.
道

천도라고 하는 것을 먼저 이해해야 할 것 같은데,
天道
탁

거기서부터 다시 한 번 얘기해 보자고.
음...

천도란 글자 그대로 풀면 하늘의 도라는 것이지.
道

여기서 하늘이란
하늘?
우리가 머리를 들어 쳐다보는 파란 색깔의 하늘이 아닌 것 같은데?

그 정도는 알겠지?
뜨끔
그럼 뭐지.

내가 말하는 하늘이란
뭘까?
궁금해.
두근
두근

하늘과 땅, 자연 전체의 질서를 명령하고 그것을
유지시키는 절대적 힘을 가진 어떤 존재,
즉 자연 이치와
진리를 주관하는
하늘이라고
생각해야 해.

털썩
더…
모르겠다.

이렇게 말하면
더 어려운가?
펑!
좋아.
그럼 좀 더 쉽게
설명해 볼까?

처음부터 쉽게
설명하지!

우선 눈으로 보고 귀로 듣는 것만이 진리이고
사실이라는 생각을 버리는 것이 필요할 것 같아.
휙
그럼
어떻게 확인
해요?

우리가 눈으로 보거나 귀로 듣지 못해도 우리 인간들이
모르는 무엇인가가 존재하고 있어.
음… 뭔가가
느껴지는 것
같은데.

또 당연하게 생각했던 그 이치들이
사실은 당연한 게 아니라,
물 좀
아껴 써.
넘쳐나는 게
물인데 뭐.

사라질 수도 있는 것이어서
잘못하면 우리를 멸망으로
이끌 수도 있다고 생각해 보자고.
목말라.
물~

그런 생각들이 바로 천도를
깨우치기 위한 첫걸음이야.
쿵!

하늘의 도라고 하는 것은 눈으로 보이는 것이 아니니,
부릅!
도대체 어디 있다는 거야?

그 존재를 부정하면서 살아가고 있지.
눈에 보이지 않으므로 존재하지 않음.
쾅 쾅
정숙

하지만 말이야.

하늘의 도는 분명히 있어.
道
짜자-잔

인간 세상에서 그 흔적과 자취를 찾아 볼까?

우리는 천도가 있어서, 그것에 의해서 살아가게 되는데도 무심히 지나쳐 버리곤 하지.
天道

음… 어떤 거?

아침에 태양이 떠오르면 우리는 잠자리에서 일어나 일도 하고 공부도 하지?
오늘은 할일이 많다.
아~ 오늘 시험인데
회사 늦겠다.
BUS

태양이 중천에 떠오르는 낮에는 한창 분주하게 움직이고,

해가 지는 저녁이면 집으로 돌아가 휴식을 취하고,
오늘 하루도 다 지나갔군.
빨리 집에 가서 자야지.
피곤하다 휴~

또 달이 떠오르는 밤에는 내일을 기약하며 휴식의 단잠에 빠지지.
아~ 좋다.
내일은 좀 일찍 일어나야지.
ZZZ

밤과 낮의 순환이 어떻게 대수롭지 않게 느껴질 수 있니?
당연한 거 아니에요?

역사가 생긴 이래로 어떻게 수천 년 동안 그 밤과 낮이 한 번도 뒤틀리지 않느냐 말이야.
터치.
수천년

만약에 가끔씩 낮 다음에 또 낮이고, 밤 다음에 또 밤이 오는 때가 있다면
아~ 자야 하는데 낮이네….
밤이니 더 자야지~

우리는 깜깜한 달빛 속에서 일도 해야 하고 공부도 해야 하겠지?
슥슥
탁 탁 탁

또 환한 햇빛 속에서 취침과 휴식을 취해야 할 테고.
으~ 눈부셔… 피곤해.
아~ 너무 밝아 잠을 못 자겠어.

이러면 얼마나 큰 혼돈에 빠지게 되겠어?
도대체 언제 자고 언제 일어나야 하는 거야?
쾅
털썩

이런 이치만 봐도!

한 치의 오차도 없이 자연의 움직임이 반복될 수 있게 해 주는 존재가 있을 수밖에.
움직여~ 움직여~
터치.

그것을 우리들은 늘 눈으로 보고 몸으로 겪으면서도 전혀 감사할 줄 모르고 살아가지.
와~ 꽃이다. 꺾어갈까?
원래 있는 건데 왜 감사해?
아이고 더워~

밤과 낮이 하루를 주기로 변화되는 자연의 이치라고 한다면,

일 년을 주기로 변화되는 자연의 이치는 사계절의 순환이고,

봄
여름
가을
겨울

백 년을 주기로 한 인간이 태어나고 죽지.

이렇게 모든 것이 다 같은 우주 자연의 이치와 도에 의해서 이루어지는 거야.

道

이제 무언가 좀 알 것 같니?
조끔….

또 다른 예를 들어 볼까?

너희가 드넓은 광야에 우뚝 서 있다고 가정해 봐.
헉!
휘잉-

어디가 어디인지 알 수 없는 무한대의 넓고 큰 광야 말이야.
두리번
두리번
나… 제대로 가고 있는 거야.

그 끝이 어디인지 헤아릴 수도 없어 내가 어디에 서 있는 것인지 그 실체를 알아낼 수 있는 방법은 거의 없지.
도대체 여긴 어디야?

가지고 있는 것은 아무 것도 없고, 그 끝이 있는지 없는지조차 알 수 없는 넓은 땅에서는 눈에 보이는 것만 사실이라고 생각하게 마련이지.
철퍼덕!
다~ 몰라. 여긴 끝이 없어.

하지만 우리가 느끼지 못하고 깨닫지 못한다고 해서,
그 넓은 땅에 방위가 없고 끝이 없을까?

북
서
동
남
따지고 보면 분명 동서남북의 정확한 방위가 있고,

그 끝은 반드시 존재해.

하지만 그 위치를 알아낼 방법이 없으면
나침판
지도
추욱-

이렇게 속단해 버리기 쉽겠지?
방향은 없어. 그리고 여기는 무한대의 땅일 뿐이야.

이와 똑같은 이치야. 하늘의 이치는 지구 전체에 이르도록 한 번도 어그러짐 없이 이루어졌고,

땅에는 사방팔방의 방위가 있어 언제나 정해진 진리와 순리가 있었지.
북
서
동
남

어쩜 하늘의 이치와 땅의 이치가 이렇게 딱 맞아 떨어지는 걸까?
탁

이것은 하늘과 땅의 이치가 서로 불가분의 관계를 맺고 호응하고 있어, 긴밀히 이어지며 만물을 만들어 내기 때문이야.

우린 떨어질 수 없어.

뿅

하늘이 생명의 씨앗으로 하여금 생명을 잉태하게 해 주시면 땅은 그것을 잘 받아서 성장과 발육을 시키니,
뿅
쑤욱

그것이야말로 하늘과 땅의 조화로움 아니겠어?
오~

이런 조화로움이 늘 땅에서 벌어지고 있는데 우리 인간들만 그걸 모르고 감사해 하지 않고 있어.

낮이 가면 이내 밤이 오고 무더운 여름이 지나면 서늘한 가을이 오고, 엄동의 겨울이 지나면 따뜻한 봄이 온다는 엄연한 하늘의 법칙은

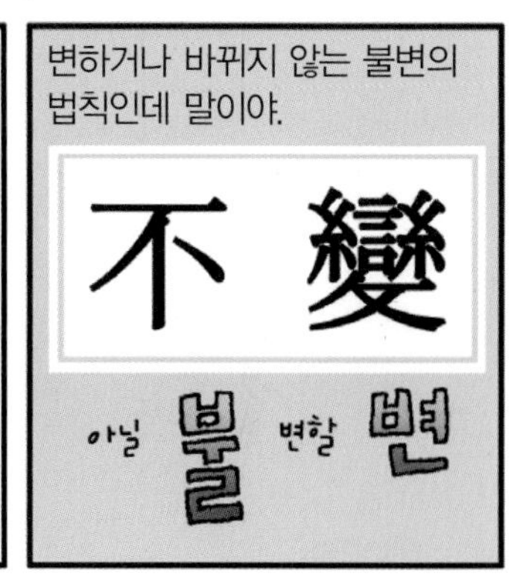
변하거나 바뀌지 않는 불변의 법칙인데 말이야.
不 變
아닐 불 변할 변

이런 이치를 깨닫지 못하고 있으면 되겠어?
안 되죠, 안 돼~

그것은 땅에 존재하는 우리들의 생명과 직결되는 커다란 이치인 거야.

그것이 바로 천도인 것이요, 한울님의 조화로움인 거야.
天道
와~

하늘과 땅의 조화로움으로 우주 만물의
생명이 성장하게 된다는 의미를,

이젠 조금
알겠지?

조금.

씨앗이 땅에 뿌려진 후 하늘이 내려 주는 비와 태양을 받아
태어나고 성장하는 생성화육(生成化育)을 거듭하는 동안 주어진
생명을 누리는 거지.

이것은 하늘만 있다고 되는 것도 아니요,

땅만 있다고
되는 것이
아니야.

하늘과 땅의 조화와 어우러짐이
있어야만 하는 것이지.

이렇게 땅의 음(陰)과 하늘의 양(陽)이 서로 어우러져 우주의 천지 만물이 생성되는 것이야.

음양이 서로 어울리어 비록 백천 만물이 그 가운데에서 화하여
나오지마는 오직 사람만이 가장 신령한 존재이다. 그런 까닭에
삼재의 이치가 정해지고 오행의 수가 나온 것이다. 오행이라는
것은 무엇인가. 하늘은 오행의 근본이 되고, 땅은 오행의
바탕이 되고, 사람은 오행의 기가 되는 것이다.
천 · 지 · 인 삼재의 수를 이에서 가히 볼 수 있다. - 논학문

이 말은 즉!

이런 음과 양의 조화에 의해 생성된 우주 만물 중에 가장 신령한 존재가 하나 있다는 것이지.

그것이 바로 무엇이겠나?

혹시… 사람!

그렇지, 바로 우리들 사람인 것이야.

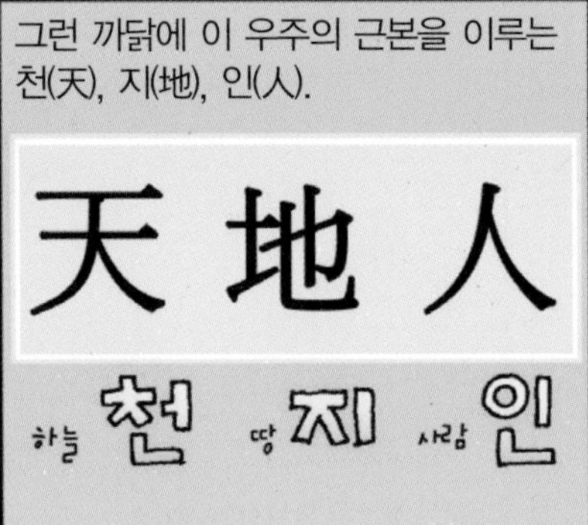
그런 까닭에 이 우주의 근본을 이루는 천(天), 지(地), 인(人).
天 地 人
하늘 천 땅 지 사람 인

이렇게 삼재(三才)의 이치가 정해지게 된 것이지.
天
人
地

천지인의 조화로움을 만들어 내기 위해 음양, 오행(五行)이라는 것도 나오는 거야.
음양
오행

음의 기운과 양의 기운이 움직여 하늘과 땅을 이루었지.

그리고는 그 음양의 순환으로 우주의 근본 요소인

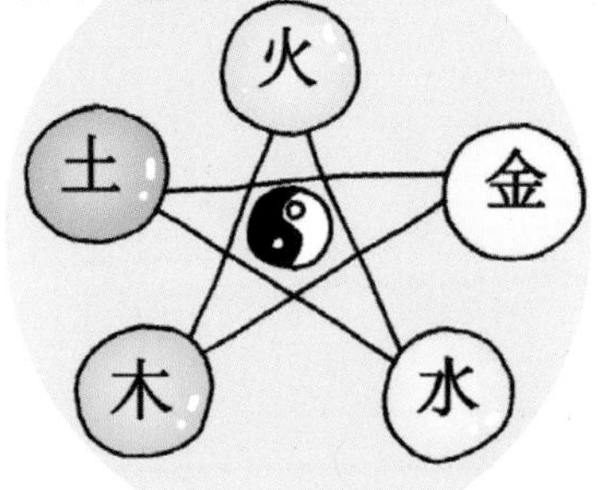
나무(木, 생명체), 불(火, 태양), 흙(土, 땅), 쇠(金, 광물), 물(水)의 다섯 가지인 오행이 존재하는 것이고 말이야.
火
土
金
木
水

우~ 와~.

음과 양은 마이너스와 플러스의 개념과 유사하다고 생각하면 돼.

서로 완전히 반대되는 성격을 가지고 있지만 모든 만물에 이 두 가지가 함께 존재하며,
변신 전
변신 후

만물의 성격과 질을 결정해 주기도 하지.

하지만 반대된다고 해서 따로따로 분리되어 있는 것이 아니라
이래 보여도 우린 같은 사람이죠.

상대적이며 공존하는 개념이라고 해야 해.
나 흥분했어?

수고했어.

하늘(양)이 있으면 땅(음)이 있고 밤(음)이 있으면 반드시 낮(양)이 있듯이

양이 있기 때문에 음이 있고 음이 있으므로 해서 양이 존재할 수 있는 것이지.
양
음

음양은 이렇게 서로의 존재를 필요로 하며 공존하고 서로 조화를 이루며 끊임없이 변화하며 만물을 이루는 것이지.
음
양

이러한 음양의 조화에 의해 다른 우주의 구성요소들이 생겨 난 거야.

우주 만물의 구성요소에 대한 끝없는 탐구 결과, 다섯 가지를 찾아냈는데,

그게 바로 木, 火, 土, 金, 水이지.

木
火
土
金
水

이것이 바로 동양철학의 기본인 오행(五行)이야.
동양 철학

오행의 작용과 변화를 통해 인간의 생명뿐만 아니라 모든 자연 현상을 규명할 수 있지.

또 오행으로 지구상의 모든 물질을 표시할 수도 있어.

火 木 水 金 土

오행은 그대로 머물러 있는 존재가 아니라 서로 움직이고 조화를 이루어낼 수 있으니 수만 가지 오행의 수가 생길 수 있는 거야.
火
水
木
金
土

그렇다면 이런 우주의 근본 요소인 오행이 궁극적으로 의미하는 것은 무엇일까?

왜 이렇게 어려운 음양오행설을 이야기했느냐고?
선생님, 너무 어려워요!

하하. 너무 심오한 동양 우주철학에 빠뜨린 것 같은데….

진짜 이야기 하고 싶은 것은 이제부터야.

바로 우주 만물의 근본은 하늘이고,

오행의 바탕이 되는 것은 땅이라는 거야.

그리고 더욱 중요한 것은 이러한 오행의 기운이 하나의 기(氣)로 모인 것이 바로 사람이라는 거야.

이러니 하늘과 땅과 사람이 바로 가장 중요한 세 가지 근본인 삼재가 되는 거지.

'천지인' 이란 말의 근본 의미를 이제 알겠니?

이런 철학적 사고에 의해 조선 시대 훈민정음을 창제하신 세종대왕도 천지인의 모양을 본 따서 우리나라의 모음체계를 만드셨던 것이지.

하늘은 아래 아 '·' 요, 땅은 'ㅡ' 이고, 사람은 'ㅣ' 라고 하셨으니깐 이제 천지인의 깊은 뜻을 알겠니?
하늘
사람
땅

요즘 휴대폰 문자를 보낼 때에도 바로 이 천지인의 원리로 엄지족들이 빠른 의사소통을 할 수 있으니 심오하고 과학적인 것임에 분명하지? 하하.
꾹
꾹
꾹
안녕~
^^

우주는 이처럼 음양과 오행의 변화가 가득한 세계란다.

그런데 천지인의 하나인 사람만 그것을 깨닫지 못하고 있지.
쯔쯔
쯔쯔
쯔쯔

봄에는 만물이 생성하고,
여름에는 더위와 홍수가 나며,
가을에는 서리가 내리고 낙엽이 물들며,
겨울에는 추위와 눈보라가 몰아친다는 것을
우리는 알고 있지.

그것은 눈으로 볼 수 있는 것이니깐 말이야.

어디 그뿐인가?

봄이 가면 바로 여름이 오고, 여름이 가면 이내 가을이 오는 사계절의 변화도 알고 있어.
봄~여름~
가을~
겨울

하지만 말이야, 이런 생각해 본 적 있어?

어떻게 이런 사계절의 순서가 조금도 바뀌거나 그 특성이 변하지 않는 걸까?

이렇게 생각해 볼 수 있지 않겠어?
여름 다음에 봄이 올 수는 없을까?
봄에 서리와 단풍이 내리면 안 되나?

하지만 인간의 역사 몇 천 년을 헤아려 보아도 그런 일은 한 번도 없었어.
눈 씻고 찾아봐도 없네.

또 절기에 따라 식물과 동물들이 성장과 생활을 같이 하며 우주 자연과 하나가 되어 생태계를 유지한다는 건 알아도
가을이 되니 낙엽이 예쁘다.

왜 그렇게 되는 것인지 전혀 알려고도 하지 않고, 알 수도 없다고 생각하지.
왜 낙엽이 지는지 알아?
몰라. 알아야 돼?

하루살이는 봄에 태어나면 봄만 알다가 죽겠지?
퍼덕
퍼덕

그러고는 말할 거야.
세상은 따뜻한 날씨와 포근한 바람으로 가득 하구나.

하지만 겨울에 태어난 하루살이는 비바람과 혹한에 대해 말하면서 그것이 우주라고 말할 거야.
세상은 너무 추워.

누가 맞고 누가 틀릴까?
어떤 말이 진실일까?

겨울에 태어난 하루살이가 맞을까?
봄에 태어난 하루살이가 맞을까?

둘 다 눈으로 보고 몸으로 체험한 것을 말했지만 그것은 우주의 진리가 아닌 거야.
내 말이 맞아!

마찬가지의 이치지. 우리 인간은 마치 아침 풀잎에 잠시 맺혔다가는 사라지는 이슬과 같아.

덧없고 짧은 삶을 살다 가버리고 마니,

우주 만물의 변화가 얼마나 오래도록 질서 정연한지 그 이유를 알지 못할 수밖에 없지.
?!

우리는 태어나서 기껏해야 100년밖에 못 사는 인생들이지.
나에 비하면 사람들의 인생은 하루살이지.
나도 100살은 넘게 살아.

그러니 천지자연이 몇 천만 년을 어떠한 법칙에 의해 일정하게 움직이는 위대함에 대해
시간표
1. 봄 - 새싹
2. 여름 - 햇살
3. 가을 - 단풍
4. 겨울 - 눈

미처 경이로워하기도 전에 우리는 생을 마감하게 되잖아.
먹고 살기도 바빴는데 무슨….

그런데 이러한 신비로운 우주 자연의 법칙과 질서에 대하여 이것은 바로 한울님의 은혜라는 것을 깨닫는 자가 있어서,
음~
알겠다! 그 시간들을 짜준 게 한울님이죠?
딩동댕~
탁!

모든 자연의 조화는 한울님의 시간표에 따른 거랍니다.
한울님의 신비로운 우주 자연의 조화가 인간 세상을 충만하게 만들어 준다는 것을 이야기 하는 사람도 있어.

하지만 세상 사람들은 그 말에 대해서도 믿음이 없으므로
그걸 어떻게 믿어?
이런 것 같기도 하고, 저런 것 같기도 하다며 다들 의심하지.

분명한 진리가 눈앞에서 펼쳐지는 데도 우리는 그 근본인 한울님에 대한 믿음과 확신이 없으므로,
그거 내가 써준 거 맞는데…
당신 누구야?

한울님의 바르고 올바른 이치를 똑바르게 이해하지 못하는 거야.

인간 세상이 한울님의 이치대로 순탄하게 조화롭게만 흘러 가면 좋을 것을….

봄이 있으면 가을이 있는 법이고,

더위가 있으면 추위가 있는 법처럼,

우리들 세상도 순탄하게 흘러가면 좋을 텐데 꼭 그렇지만은 못한 법인가 봐.
어이, 자네. 그쪽이 아니야!

지금 시대를 한번 볼까?
흠!

지금은 조선 왕조의 경신년(1860년) 4월이야.
1860년4월

한마디로 세상 사람들은 모두 마음이 뻥 뚫려 있고

한 치 앞도 점칠 수 없어 보여.
음… 쯔쯔쯔 어려워.

세상은 어지럽고 백성들의 민심은 흉흉하니 이것이 어디까지 갈 것인가 마음을 걷잡을 수가 없지.

도대체 이렇게 백성들의 생활은 어려워지고 정치는 정치대로 나아갈 방향을 정하지 못하고

커다란 바다 위에 떠 있는 조각배 신세 같은 우리나라를 생각해 볼 때

한울님의 도가 어찌 이렇게 되어야만 하는지 고민이 되었지.
고민
고민
고민
고민
고민
고민
고민

게다가 더욱 괴이한 말이 있어 세상 사람들을 현혹시키고 있더군.
샬라~ 라~

그건 바로 다름 아니라 서양 사람들 이야기지.

서양 사람은 도를 이루고 있어 덕을 내세우며,

그 조화의 힘이 매우 강하고 부드러워 그들이 마음먹으면 이루지 못할 일이 없다며 칭송하는 자를 여럿 보았어.
이분은 훌륭하신 분이야!

그들이 도와 덕을 가지고 있다고?

허허. 어찌 그들의 겉모양과 하는 말에 솔깃하여 그 진의를 파악하지 못하는 어리석은 자들이 많단 말인가?
와

그들이 마음먹은 바를 해내기 위해서 어떻게 하는가를 봐!
너희 땅이 갖고 싶은걸~
왜 이러세요?

도와 덕을 말하는 자들이 칼과 창을 들고 온갖 무기로 공격하며 싸움을 하고
밟아! 죽여!

그들 앞에서 대적할 사람이 없다는 것을 자랑하고 있으니
다 때려 잡았다!
내가 최고다!
뿌듯

어찌 그들에게 도와 덕이 있겠어.
내가 덕이 좀 깊지.

그들의 대단한 힘이 부러워?
그들의 무기가 부러워?
그들과 같은 무리가 되고 싶어?
그들이 가진 덕과 도를 믿느냐 말이야?

이것은 어리석은 자들의 한 치 앞도 못 보는 말이라고.

이미 중국이 서양의 도와 덕에 의해 크게 패망하는 것을 보지 않았어?
도
덕

중국은 우리 동양의 대국이었지. 중국만한 도와 덕을 가지고 있는 나라도 잘 없어.
도
덕
그래도 착하진 않지.

우리가 배우는 학문과 진리의 많은 부분이 중국에서 온 것이라고 해도 그리 틀린 말은 아니지.

그런 강국인 중국이 서양의 무기 앞에 꼼짝 못하고 손을 들었어.
어찌 이것이 중국만의 일로 끝날 거라고 생각해?

중국이 소멸하면 우리나라에도 머지않아 그 화가 미칠 것이라는 것은 불 보듯 뻔한 일인데 말이야.

순망치한의 환란을 눈으로 겪어야만 안단 말인가!

아~! 도무지 서양 사람들이 왜 이렇게 강한지 그 이유를 알 수가 없었어.

이 사람들의 도를 서도라고 칭하고, 학을 천주학이라고 칭하며, 교를 성교(聖敎)라고 하더군.
OK?
서도
도
천주학
학
성교
교

이것이 하늘이 내린 때를 알고 하늘이 준 명을 받은 것인가 궁금하고 의심스러운 생각이 들었지. 일일이 살펴보아도 그 까닭을 알 수가 없이 나 역시 두려운 마음이 들었지.
모르겠다. 그래서 너무도 두렵도다!
고민중
서학

다만 서학보다 내가 늦게 태어난 것을 한탄만 하고 있었지.
내가 최고다!
흑흑
조금만 빨랐어도….

제7장 논학문 2 - 스승님과 제자들과의 대화

최제우의 명철한 자연관은 조선 사림들에게 빠르게 전파되었어.
쌩~

동양 철학과 나라의 위기를 접목시킨 그의 이야기는 사람들에게 많은 감동을 주었던 거야.
감동

제자로 삼아주세요.
그 중에 학식이 높은 사람들도 제자가 되려고 나서는 자가 있었으니,

그들에게는 동학의 좀 더 심오한 진리를 가르쳐 주어야 했지.
무슨 방법이 없을까?
음~.

그러기 위해서는 스승과 제자들 사이에 대화와 토론이 필요했겠지?

우리도 공부하면서 모르는 것이 있을 때 이렇게 토론하고 대화를 주고받으면 이해가 잘 되잖아.
이게 뭘까?
아싸~
흠… 이건 요런 게 아닐까?

소크라테스의 대화법을
최제우도 알았나 보지.
문답법
소크라테스

그럼 동학의 스승님과 제자들 사이의
토론수업 현장 속으로 들어가 볼까?
시간여행

어쩐지 열띤 수업 분위기가
느껴지는데.

흰 수염이 난 제자가 최제우를 바라보며
예의를 갖춰 말해.
스승님
질문이
…

스승님, 한울님과
만나셨을 때 이야기를
좀 해주세요?

최제우는 고개를 들어
한울님과의 체험을
떠올렸어.
아…
그때가

그날의 기억을 잊을 수가 없어요.
몸이 몹시 떨리고 한기를 확~ 느껴졌죠.
덜
덜덜
덜

몸으로는 어떤 신비한 영과
접하는 기운이 느껴졌고,

마음속에서는 가르침의
말씀이 들려왔지요.
수군
수군
수군

정신을 차리고 보려고 해도 보이지 않고
들으려 해도 들리지 않았지요.

괴이하고 이상한
생각이 들었어요.
이게 무슨
일인가?

그래서 이러면 안 되겠다 싶어서
마음을 가다듬어 진정하고,
한울님께 내가 물었지요.
어찌하여
이러합니까?

그러니 한울님께서
금방 대답을
주시더라고요.
스읍-

무엇을
두려워
하느냐.
에헴!
에헴!
오심 즉 여심(吾心卽汝心)이라. 나의 마음이 곧 너의 마음이니라. 사람이 어찌 알리오. 천지는 알고 귀신은 모르니, 귀신이라는 것도 나이니라. 너에게 무궁무진한 도를 줄 것이니 닦고 다듬어서 글을 지어 사람들을 가르치고 법을 정하여 덕을 펴라. – 논학문

와락
나의 마음이 곧
너의 마음이니라.

만유의 모든 것이
근원적으로 모두 나에
게서 나왔느니라.

하지만 세상
사람들이 어찌
그것을
알겠느냐?

세상의 사람들은 하늘과
땅이라는 형체만을 알고
이 천지우주를 주관하는
존재가 '나' 한울님이라
는 걸 모르고 있도다.

어떤걸
말씀하시
는 건지?
내가 만들어낸
조화의 흔적이
인간 세상에 무수
히 많지 않느냐?

사람들이 흔히 '귀신'
이라고 일컫는 것도
바로 나이니라.

짜짜 짜짜
우주의 만상 모두를
섭렵하여 나타난 모든 자취가
바로 내가 해놓은 것이로다.

한울님이 말씀하시는 자연과 그
흔적에 대한 말씀을 놓치지 않으려
고, 나는 한울님의 말씀에 잔뜩
기를 모아 경청하였지요.
그랬더니
계속 말씀을
하셨지요.

한울님께서
말씀하시길
에헴

너에게 무궁한 도를 주노니, 이를 잘 닦고 다듬어서 나의 이 도를 밝힐 수 있는 글을 지어라.
道

그 글로써 사람들을 가르치고 나를 위할 수 있는 수련의 법을 정하여 나의 무궁한 덕을 펼치도록 하라.

그러면 나는 너를 잊지 않으마. 네가 그렇게 한다면 무궁한 장생(長生)의 삶을 얻을 것이고, 나의 덕에 힘입어 온 천하에 빛나게 될 것이로다.

최제우가 말하기를,
그런 만남이 있었답니다.
그것이 내 인생을 크게 변화시켰지요.

내가 도를 얻고자 하여 수련을 한 지 10년이 가까워 오는데 그전까지는 까맣게 어두웠던 동굴 속 같았어요.

그런데 드디어 멀리서지만 입구가 보인다고 할까요?
그 나아갈 길을 찾은 것 같았죠.

한울님이 깨우침을 주신 후부터 열심히 공부했습니다.
슥슥
열공

음-
거의 1년이 다 가도록 수련을 하고 헤아려 보니 진짜로 도의 이치가 자연의 법에 따르지 않는 것이 하나도 없었지요.

자연의 이치에 의하여 이 모든 것이 이룩되었다는 것을 깨달았죠.

제자들은 최제우의 감동과 깨달음에 깊이 감명을 받았어.
와-.

제자 중 한 명이 말하길,
그래서 스승님께서 주문 21자를 지으신 거군요?

그렇지요.

한울님의 이치를 세상 사람들에게 알려야 하지 않겠어요?

그래서 한편으로는 주문을 짓고, 한편으로는 한울님이 시키신 바를 강령으로 하여 법을 지었지요.
휙
휙

잘하고 있어.
그리고는 영원히 한울님을 잊지 않는 글을 써야겠다는 생각에 여러분들에 남길 글을 지을 수 있었어요.

도를 행하는 모든 법도의 순서는 오직 주문 21사에 있을 뿐이지요.
주문 21자
척!

음~

그런데 이제 사방에서 어진 선비들이 와서 한울님의 이치를 물으니 얼마나 반가운지 몰라요.

道
이제 여러분들의 궁금증을 하나씩 풀어 줄 테니 서슴지 말고 물어보고 도를 얻어 가기를 바라요.

그렇게 말하는 최제우의 공경스럽고도 겸손한 태도는 거기에 모인 제자들에게 감화를 일으키기에 충분한 것이었어.
역시 스승님이셔.

그러자 제자들은 질문을 시작했지.
그럼, 큼큼!

지금까지
한울님의 영에
대해 말씀해
주셨는데요?
음....
좀 더 구체적으로
한울님이 주신 깨우침
을 말씀해 주세요.
알고
싶어요.

허허, 그렇군요.
많이들 궁금해
하시는 것을 제가
몰랐어요.
알려
드리지요.

신유년에 이르러 사방의 어진 선비들이 내게 나와 묻기를 이제
한울님의 영이 선생님께 강림하셨다고 하오니 어찌하여 그렇습니까?
대답하기를, '가서 돌아오지 않음이 없는 이치'를 받았느니라.
묻기를 그런 즉 무슨 도라 이름을 합니까? 대답하기를 '천도'니라."
– 논학문
바로 한울님이
주관하시는 우주의 법은
무왕불복입니다. 무왕불복
이라, 갔다가 다시 안 오는
것이 없다는 뜻이지요.
더 자세히
말씀드리자면, 모든
자연은 가서 돌아오지 않는
것이 없으며, 한번 오면
반드시 돌아간다는
것이지요.
와!
無往不復
무왕불복
그것이 바로
무왕불복의
대 법칙입니다.

우주 자연은
다 이 법칙에 의해
움직이고 있는 거지요.

사계절의 변화도 그렇고,
생로병사(生老病死)*도
그렇고 굳이 말씀 안
드려도 아시겠죠?
찡긋

제자들은 고개를 끄덕이며 공감을 표시
했어.
그런 거였어
그렇군!

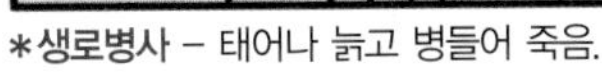
*생로병사 – 태어나 늙고 병들어 죽음.

그리고는 또 다른 사람이 물었지.
그러면 스승님이 말씀하시는 이 도를 무엇이라고 이름 불러야 할까요?

한울님이 주신 도이니, 천도라고 해야 하지요.
천도

천도요?
천도

그럼 천주교인 서도와 이름이 비슷한데 서로 다른 것은 없나요?

최제우가 대답했어.
서학은 나의 도와 같은 것 같지만 다르다는 것을 반드시 알아야 해요.

서도는 한울님을 위하고 한울님께 비는 것 같으나 그 비는 형식만 있지 실제가 없지요.

그러나 내가 천도를 밝혔듯이 서학 역시 하늘의 운을 받아 일어난 것이므로 차이가 있으나, 하늘의 운이라는 것에 있어서는 하나라고 할 수 있어요.

서학의 도 역시 천도의 일부를 천명하고자 한 것이니 천도라는 전체로 볼 때에는 결국 같은 것이랍니다.
天道

그러나 천도를 밝히는 이치, 즉 수행 방법은 나의 가르침과 전혀 다릅니다.

그러므로 깨달은 바, 그 도 역시 일치할 수 없지요.
what?!

제자들이 귀를 쫑긋 세워 들으며, 묻기를
어찌 그런가요?

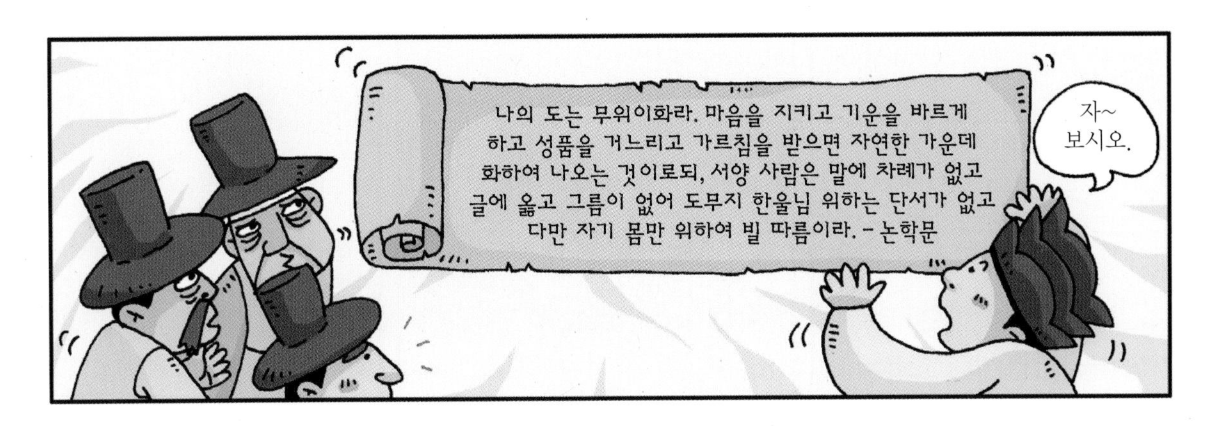
나의 도는 무위이화라. 마음을 지키고 기운을 바르게 하고 성품을 거느리고 가르침을 받으면 자연한 가운데 화하여 나오는 것이로되, 서양 사람은 말에 차례가 없고 글에 옳고 그름이 없어 도무지 한울님 위하는 단서가 없고 다만 자기 몸만 위하여 빌 따름이라. – 논학문
자~ 보시오.

나의 도는 한울님의 법에 의하여 자연스럽게 이루어지는 이치를 그 도법으로 삼은 것이니,

무위이화(無爲而化)라고 할 수 있지요.

무위

無爲

즉 아무것도 만들거나 의도하지 않았는데도,

이화

而化

결국 만들어지고, 변화가 있다 이 말입니다.
짹-
짹

다시 설명하자면 한울님으로부터 받은 마음을 지키고
그 기운을 바르게 하여 실천하면 한울님의 성품을 거느리게 되고

그 바른 가르침을 받게 되어 자연스러운 가운데 모든 게 변해서 나오게 된다는 겁니다.
오~
오~

이게 바로 나의 도이지요.

그러나 서양 사람들은 그들의 경전에 천지를 밝히는 말씀이 없고,
내가 했던 말이 없네.
상관 없어요.

옳고 그른 것의 구분이 없어서 도무지 한울님 위하는 공심(公心)이 없고,
이봐. 이 책 빼놓은 게 너무 많은 거 아닌가?
상관 없어요.

시험 잘 보게 해 주세요~
쯧
다만 자신 한 몸만을 위하여 사심을 가지고 빌더군요.

그러니 몸에는 한울님의 감응이 없어 그 감화가 없고,
이봐, 이 책대로 하면 나하고 소통이 안 된다네.
고쳐 주게나.
...

...
이 책으로는 도에 이를 수 없다네.
배움에는 근원적으로 한울님의 도에 이르는 가르침이 담겨 있지 못하지요.

그러므로 신앙을 수행하는 형식은 있으나 그 진실은 없습니다.

한울님을 생각하는 것 같으나 한울님을 위하는 법문인 주문이 없으니,
흥
나 화났어!

아멘~
백날 빌어 봐라 나하고 연락되나.
그 도는 허무에 가깝고 도에 이르는 이치에는 한울님의 원리가 없는 것이지요.

그러니 어찌 서학과 나의 도가 비슷하다고 하겠습니까?

스승님께서 서학과 서로 다르다고 하셨지만 한울님의 도임에는 분명하니 천주(天主)학을 서학(西學)이라고 부를까요?

이에 최제우는 힘줘서 대답했어.
안 되지요.
탁

그러면
안 돼요.

내가 동방에서 태어났고 동방에서 이 도를 받았으니 도는 비록 만유의 근원이 되는 천도이긴 하지만 서학이라고 해서는 안 되지.
서학
동학

동학
이 도에 이르는 이치는 동학이라고 불러야 해요.

땅도 동과 서로 나뉘는 법인데, 하물며 도를 부르는 것도 다름이 있어야지요.
북
서
동
남
어찌 '동'을 '서'라 하고, '서'를 '동'이라고 할 수 있나요?

비유하자면 공자님께서는 노나라에서 태어나 추나라 땅에서 가르침을 폈기 때문에 그 가르침이 온 세상에 전해져도 그 공자의 가르침을 '추나라 공자의 가르침'이라고 하는 것처럼요.
노나라 공자의 가르침이 아니죠. 추나라 맞죠.

이와 마찬가지로 나의 도는 이곳에서 받았고 이곳에서 그 가르침을 펼쳤으니,
어찌 서라는 이름으로 부를 수 있겠습니까?
에헴!

맞는 말씀입니다.
짝
짝
짝

스승님께서 아까 말씀하신 21자 주문에 대해 자세히 알고 싶습니다.

주문
21자
천하에 덕을 알려 지상천국을 이루어야 한다는 한울님의 뜻을 위하는 주문이지요.

그런 까닭으로 한울님께 청원한다는 의미의 글자인 주(呪)
즉, 주문이라고 말한 것입니다.
수리 수리 마수리하는 주문이 아닙니다.

주문
이 글은 새로운 것이 아니라 옛날이나 지금이나 모두 생활 속에서 사용하고 있는 것이므로 지금의 글에도 있고 옛 글에도 있는 것이지요.

우리 다 같이
주문을 외워
볼까요?

지기금지원위대강
시천주조화 정 영세
불망만사지.

최제우가 먼저 외우니, 제자들은 따라 외우며,
지기금지원위대강 시천주조화
정 영세불망만사지.

그 기운이 근엄하고
매우 신성하게
보였어.
끄덕
주문의 뜻이
궁금하다고?
끄덕

한번 볼까요.

지(至, 이르다)' 라는 것은 지극한 것을 이르는 것이니,
'지기(至氣)' 는 허령창창하여 간섭하지 않는 일이 없고, 명하지 않는
일이 없는 것이다. 따라서 형상이 있는 것 같으나 형상하기 어렵고,
듣는 것 같으나 보기가 어려우니 이 역시 혼원한 하나의 기운이요,
'금(今)지(至)' 라는 것은 이에 입도하여 기가 접한 것을 아는 것이요,
'원(願, 원하다)위(爲)' 라는 것은 청하여 비는 뜻이요.
'대(大)강(降, 내리다)' 이라는 것은 기화를 원하는 것이다.
'시(侍,모시다)' 라 함은 안으로 신령이 있고 밖으로 기화가 있어
온 세상의 사람이 각각 알아 옮기지 아니하는 것이요,
'주(主, 주인)' 라는 것은 존경하여 부모와 같이 섬기는 것이요,
'조화(造化)' 라는 것은 무위이화요,
'정(定)' 이라는 것은 덕을 합하여 그 마음을 정하는 것이요,
'영세(永世)' 라는 것은 사람의 평생이요,
'불망(不忘)' 이라는 것은 언제나 생각을 둔다는 뜻이요,
'만사(萬事)' 라는 것은 수의 많음이요,
'지(知)' 라고 함은 그 도를 알아 그 지혜를 받는다는 것이다.
- 논학문

지기금지
원위대강

글귀를 풀이하면
무슨 뜻일까?

지극한 정성 모아
지금 한울님이
강림하시기를
원합니다.'
음

시천주조화
정 영세불망
만사지

음… 이런 뜻이군.
한울님 아버지를
받들어 모셔 무위이화의
조화가 평생 동안 모든
일에 이루어지는 것을
알게 해 주소서.
라는 뜻으로 한마디로

기도의 의미를 담고 있지.

최제우는 한 글자 한 글자의 뜻을
새기면서 주문 21자에 신성한 기운을
불어 넣어
후~
지기금지 원위대강
시천주조화
정영세 불망 만사지

모든 의식에서 외우게 했는데
21자

그점 때문에 민간의
토속신앙과 유사하다는 평가를
받기도 하지.
비나이다
비나이다

제자들이 질문했어.
스승님, 왜
사람들은 한울님
을 모를까요?

만약 한울님께서 인간을 비롯한 모든 만물을
태어나게 하고 성장시키셨다면 이 세상 모든
사람들이 한울님을 공경해야 하잖아요?

우리가
한울님을 간절
히 찾을 때가
언제일까?

바로 죽음을
앞두고 있을 때야.

태어나서 자신의 의지대로
평생을 살다가, 자연의 이치에
따라 땅에서 사라져야 할 때
우리는 하늘을 부르고 찾지.
안 그래?
나
죽어~
꺽

바로 그때 하늘을 찾게 되는
것은 사람의 운명이 하늘에
달려 있다는 것을 깨닫기
때문이지.

이렇게 사람의 모든 것이 하늘에 의해
좌우되고 또 하늘이 모든 사람들을 세상에
태어나게 하신 것은 옛날이나 지금이나
변함없이 이루어지고 있는 진리야.

하지만 세상 사람들은
의심하는 마음을 갖지?

진짜 한울님
이 있을까?
없을 것
같은데?
에휴
의심 속에서 한울님을 믿지 못하는
사람들이 생기고, 눈으로 확실히 보이는 것이
없으니 방황하게 되는 겁니다.

그러니 한울님을 공경하지
못하는 거지요.
나 여기
있거든!

제자들은 또 물었어.
스승님, 어떤
사람은 저희들의
도를 비방하고 또
훼방 놓습니다.
도대체
왜 그러는
건가요?

사람들에
따라 혹 그럴
수도 있지.

제자들은 천도를 비난하는 사람들을
나무라지 않는 선생님의 말씀에 이해가
가지 않았어. 그래서 다시 물어봤지!
어찌 그럴 수
있나요?

최제우는 대답하기를
내가 말하는 도는 처음 듣는 것이고, 옛날에는 없었던 겁니다. 지금이나 옛날이나 어떤 것과 비교할 수 없는 법이지요.

이 도를 믿지 못하니 훼방하고 비방하는 것이 아니겠어요?
사기꾼 아니야?
속을 수 없지!

나의 도를 믿고 마음으로 잘 닦은 사람은 겉으로는 아무 것도 달라지는 게 없으니 비어 있는 것 같으나,
100%
스스로 마음에 깨닫고 체득하는 바가 있으니 그 알맹이는 꽉 차 있는 것과 같지.

하지만 마음을 닦는 수도는 하지 않고 이것저것 많이 듣기만 한 사람은 겉으로 많이 아는 것 같으나 실제로는 아무 것도 체득하는 바가 없으니

껍데기만 있지 그 속은 비어 있는 것 아니겠어요?
텅텅

그러니 여러분들도 그런 사람들 때문에 속상해 하거나 다투는 일이 없었으면 해요.

제자들이 스승님의 깊은 마음을 이해하고 고개를 끄덕였어.
끄덕
끄덕

그러고는 또 묻기를
도에 들어 왔다가 도를 배반하고 돌아가는 사람은 어찌하여 그렇습니까?

그 사람들은 내가 특별히 말할 필요가 없는 것 같은데?

왜요?
어찌 말씀하실 필요가 없나요?

그들은 그저 마음으로 멀리하도록 하면 되지.
NO

제자들은 한울님의 도를 비난하는 사람들에게 많은 상처를 받아서 그런지 스승님의 너그러운 태도에 궁금증이 가시지 않았어.

도에 들어올 때 마음은 어떤 것이고, 도를 배반하고 나갈 때의 마음은 어떤 것일까요?
배신자

바람이 불면 풀이 바람에 실리어 이리저리 쏠리듯이 이들의 마음도 일정한 주관 없이 세상의 흐름에 따라 왔다갔다하고 있는 것이지요.

한울님의 위대한 덕은 선악을 가리지 않고 모두를 포용하지요.

그러니 누구나 한울님께 정성을 드리면 감응하여 은혜를 받을 수 있는 겁니다.

제자들이 묻기를
그러면 한울님을 배반했다거나 한울님을 믿었다고 해서 덕이 있고 없고 하는 게 아니네요?

내가 그대들의 궁금증을 이해 못하는 바는 아니지만
이 모든 것은 우리가 관여할 바가 못 됩니다.

요순의 시대에는 세상의 모든 백성이 훌륭한 요임금 순임금의 덕화를 받아 모두 요순과 같이 되었으나
지금 세상의 운은 요순과 같은 사람의 덕화에 의한 것이 아니라 세상의 운에 따라 흐르는 것이지요.

해로움이 올지 덕이 있을지는 한울님의 일이요, 내가 말할 바가 아니랍니다.

하나하나 캐어 본 즉 그런 사람들의 몸에 해가 미치는지 어떨지는 상세히 알 수 없는 것 아니겠습니까?
어흥

도를 믿었다고 복을 누린다고 말할 수도 없고, 도를 배반했다고 해를 입는다거나 하는 것은 그대들이 물을 바도 아니고, 내가 간여할 바도 아니죠.

다만 한울님의 소관일 뿐이지.

제자들은 이제야 스승님의 말씀에 진심으로
이해가 가는 눈빛이었어.
반짝
반짝

자신이 믿는 바에 따라 다른 사람을 배척하고 멀리하지
말라는 깊은 뜻이 담긴 것 아니겠어?

자기가 도를 깨우쳤다고 하여
우월하게
생각하지
말며,
하
하
하
난 도를
알지.

자신과 뜻이 다르다고 하여
박해하지도 말라.
이
사이비~

이런 말씀을 보면 최제우의
공경스러움과 겸손함이 그대로
나타나는 것 같아.
쑥스럽게
스리….

최제우는 제자들과의 수업을
마치며 감탄과 고마움을
표시했어.

아아~! 제군들이
도에 관하여 묻는
바가 어찌 이리
밝고도 밝은가!

나의 보잘 것
없는 글이 심오하고
현묘한 도의 원리에
이르지는 못하나,
사람 됨됨이를 바르게 하고,
타고난 재질을 갈고 닦으며,
마음을 바르게 하면
어찌 방황이 있겠는가?

오직 그대들은 이 글을 공경히 받아
이 글에 담겨져 있는 가르침으로
한울님의 성스러운 덕이 이 세상에
펼쳐질 수 있도록 도우라.

감동~

제8장

수덕문1 – 전통 유학으로 설명하는 자신의 삶

유학
근암공

최제우는 도를 깨우치기 전에 자신이 어떠한 일을 겪었는지에 대해 자세한 글을 제자들에게 남겼어.

한 시대를 불우하게 지냈던 많은 사람들이 공감하는 부분인데,

최제우
일대기

수덕문이라고 이름 짓고 글을 써 나갔지.

수덕문

수덕(修德)이라 '닦을 수(修) 어질 덕(德)'이라 했으니

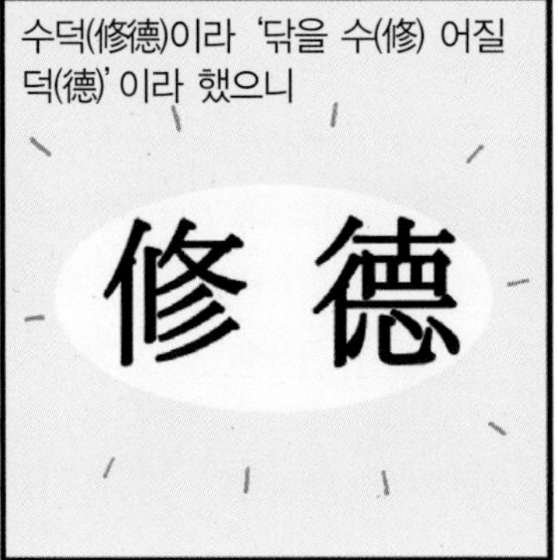
修 德

'한울님의 덕을 갈고 닦는 글'이란 뜻이겠지?

덕
뽀드득
뽀드득

여기서 최제우의 사상을 설명하는 것을 보면 새로운 학문이 아니라
너가 아니라 나거든.
old
new

동양 사회를 유지시켜 준 오랜 사상 체계였던 유학을 바탕으로 한다는 것을 알 수 있어.
효제충신
유학 사상
부모에 대한 효도, 형제끼리의 우애, 임금에 대한 충성, 벗 사이의 믿음.

유교, 공자하면 누군지도 모르고 그냥 어려운 얘기라고 생각할지 몰라도 말이야.
누구신지!

최제우 같은 당대의 학식 있는 사람들에게 유학은 생활이자 삶 그 자체였어.
유학
유학

이러한 유교의 가르침이 《동경대전》에도 그대로 나타났지.
유교

그래서 더욱 많은 사람들에게 호응을 받았을 거야.
유학

이제 나오는 부분은 유학의 예화나 비유를 통하여 우리나라에서 자체 발생한 '동학'을 설명하고 있지.
유학
동학

어때?
?

어렵겠지만 잘 읽어 보면 유학과 동학이라는 두 마리 토끼를 다 잡을 수 있는데?

유학

동학

도전해 볼래?
OK.

올바로 살아간다는 것은 뭘까?
음.

바로 하늘의 도를 지키고 살아간다는 것 아니겠어?

중국의 오랜 고전 《주역》에서는 하늘을 건(乾)이라고 부르고,
하늘은 건이라 해.
주역

그 하늘의 성격을 원형이정(元亨利貞)이라는 한자어로 설명하고 있어.
원형이정

원형이정
동학
동학에서도 이 중국 철학의 뜻으로 하늘의 성격을 설명할 수 있지.

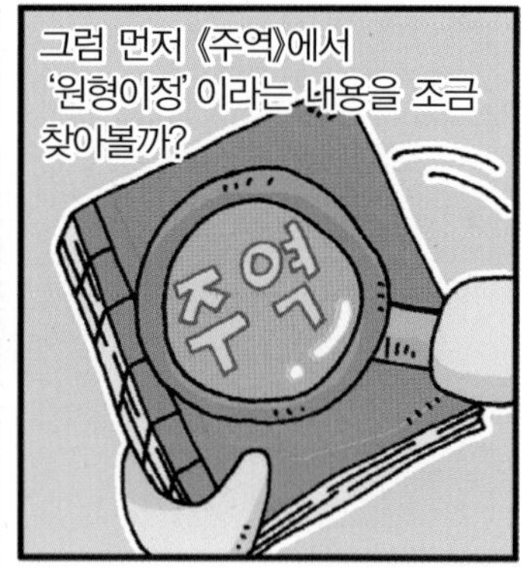
그럼 먼저 《주역》에서 '원형이정' 이라는 내용을 조금 찾아볼까?
주역

건이란 하늘의 성질을 뜻하는 거야. 천이란 하늘의 형체이고, 건이란 하늘의 성품이지.

건을 '굳세다' 라고 해석하는 것은 하늘의 운행하는 법칙이 굳세어서 쉬거나 멈춤이 없어서야.
대한 건아라는 말에 '굳을 건' 자를 쓰기도 하지.

天道
따라서 하늘이 근본이 되어 세상 만물이 전개되는 것을 천도라 일컬을 수 있고,

만물의 이치를 주관하는 분을 상제(上帝) 혹은 천제(天帝, 하느님)라 말할 수 있으며,

묘한 작용을 한다고 하여 귀신(鬼神) 혹은 천신(天神)이라고 일컫기도 해.

어때? 《주역》에 나오는 용어가 동학의 용어와 크게 다르지 않지?
끄덕
끄덕
주역
동학

《주역》에서는 이와 같은 하늘의 성품을 첫머리에 두고 설명하고 있는데 그것은 하늘이 만물의 시작이라고 보기 때문이지.

천
天
건
乾

그런 의미에서 하늘을 아버지, 혹은 임금을 뜻하는 개념으로 받아들일 수도 있어.
하늘이 만물의 시작이라면, 내가 만물의 주인이니 결국 '하늘=나' 란 말이군.

또 하늘을 설명하길
乾(건)은 元(원)이고 亨(형)이고 利(리)이고 貞(정)하니라.
문왕

에헴
이 구절은 하늘의 뜻을 풀이하는 중국 주나라 문왕의 말이야.

원형이정의 의미를 하늘의 고유한 덕이라고 풀이한 거야.
원형이정

뜻만 보면
하늘은 으뜸이고, 형통하고, 이롭고, 바르다.

이 내용을 조금 더 설명해 볼까?

만물의 으뜸이나 근본이 된다는 원,
시작된 만물이 자라나 조화를 이루어 형통한다는 형,
그 결실을 이루어 이익을 거두는 이,
그 힘으로 동요하지 않는 곧고 바른 정이 바로 하늘의 도이지.
元亨利貞

이러한 하늘의 도는 또한 사람의 도가 되어야 하지.
도
도

그것이 바로 천도의 변하지 않는 원리이자 본모습인 거야.

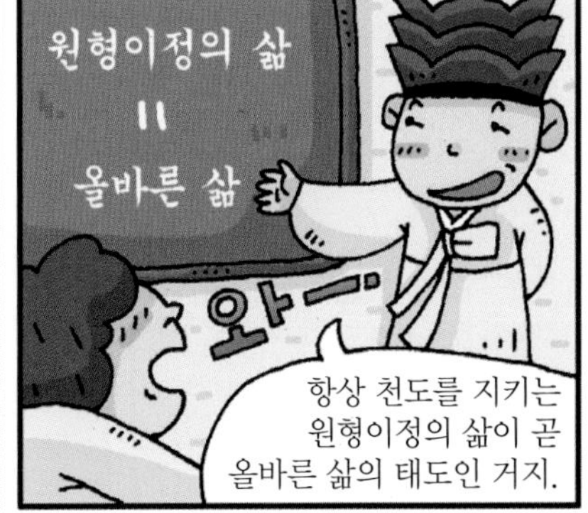

원형이정의 삶 = 올바른 삶
와-.
항상 천도를 지키는 원형이정의 삶이 곧 올바른 삶의 태도인 거지.

시작에
너무 들떠 감격해
하지도 말고,
이익을 좇아
한쪽으로 치우
치지도 말며,
이랬다저랬다
흔들리지 않는
원형이정의
모든 것을 두루
갖추어야 한다는
중도의 가르침.
헉
헉

이것이 즉 천도인 셈이지.
天道

공자가 쓴 《논어》를 보면
사람의 자질을 네 가지로
분류하고 있어.
논어
지은이 : 공자

生而知之者(생이지지자) 上也(상야),
學而知之者 次也(학이지지자 차야),
困而學之 又其次也(곤이학지 우기차야),
困而不學 民斯爲下矣
(곤이불학 민사위하의)

《논어》 계씨 제16편
제9장에서 말했지.
논어

태어나자마자 아는 사람이 최고
위이고, 배우고 깨닫는 자가 그
다음이고, 어렵지만 배우는 자는
또 그 다음이며, 어려워 배우지
않는 자 그 사람이 맨
아래가 된다.
1. 생이지지
2. 학이지지
3. 곤이지지
4. 곤이불학
논어

태어나면서부터 무엇이든지 저절로 아는 사람은
최고 경지의 사람으로, 그를
생이지지(生而知之)라고
했어.
난
모르는 게
없다오.
생이지지

이는 성인(聖人)이 아니고서는
불가능한 경지겠지?
성인

그 다음은 배워서 진리를
알아내는 학이지지
(學而知之)가 있어.
학이지지

그 역시 배우면 무엇이든 깨우칠 수 있으니
공부 잘하는 수재(秀才)라고
할 수 있는 거야.
역시 수재!
학이지지
100

그 다음이 바로
우리들이야.

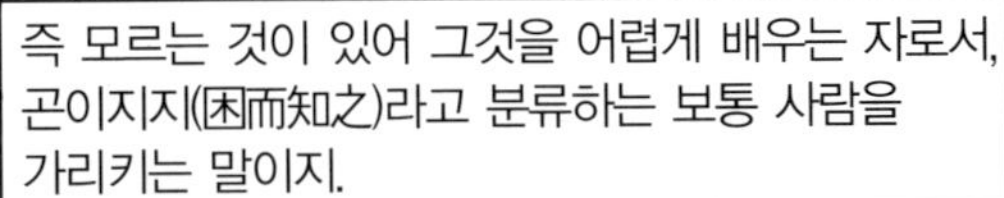
즉 모르는 것이 있어 그것을 어렵게 배우는 자로서,
곤이지지(困而知之)라고 분류하는 보통 사람을
가리키는 말이지.

곤이지지
곤이지지
곤이지지
곤이지지

솔직히 말해봐?

배우는 거
너무 어렵지?
공부하기
힘들고?
그치?
그러니깐
우리는
곤이지지라고
할 수 있지.

난 수재
할래요~
좋아, 그럼 수재
즉 '학이지지' 해,
나는 평범한 '곤이
지지' 라고 할게.

하지만 보통 이하의 사람
들도 있으니깐 괜찮아.
토닥 토닥

곤이불학(困而不學)은 맨 아래에 놓이는
사람들인데 모르고 막힘이 있어도 배우지
않으려는 사람이지.
곤이불학
휙
에잇~
이런 거 다
몰라도 돼.

이런 게으른 사람이야말로 함량미달이지.
잠이나
자야지.
곤이불학

우리들 중에 그런
사람은 없겠지?
당연
하죠.

이미 우리는
배움의 토끼를 잡고
있으니 다 평균
이상이야.
히
히
히

이러한 공자의 구분이 의미하는 것은
무엇일까?
공부하자는 거
아닐까요?

맞아. 공부하고
배우자는 거야.

누구에게도 배우지 않고 세상의 모든 이치를 꿰뚫어 아는 생이지지는 옛 성인의 훌륭한 자질이고,
공자
맹자
퇴계 이황

후천적인 배움을 통해 학식과 덕을 쌓는 학이지지는 선비들이 서로 가르치고 배우는 과정을 통해

오늘날까지 그 학식이 전해 올 수 있었던 것이지.
대학
공자
유교
동학

비록 힘들여 배워서 얻는다는 곤이지지의 고루하고 옅은 지식이라도 모두 옛 성인의 훌륭한 덕에서 나오지 않은 게 없어.
열공

그러니 지금 새로이 무엇인가를 배우고 깨닫기 위해서는 옛 성인들의 가르침을 먼저 터득해야 해.

옛 훌륭한 임금들의 예와 법도를 잃지 않고 살아가는 것이 매우 중요한 거지.
포인트

나의 배움에서도 가장 중요했던 것이 바로 이와 같은 옛 선조들이 남기신 것들이었어.

나라고 해서 현실에서 좌절이 없었겠어?
흑

어려서 성인들의 공부를 많이 했지만 현묘한 깨달음이라고 할 게 없었으니 공부하는 것에 후회도 들고 앞으로 어디로 나아가야 할지 고민도 많이 했어.

양반가문
오늘 하루도 허무하게 지나가는군!
꼬르륵-
꼬르륵-
작은 동방에서 태어나 아무 하는 일도 없이 하루하루 세월을 보내고, 겨우 양반이라는 가문이나 지키며 살아가니 가난한 선비의 행색을 면할 수 없었지.

조선 왕조의 훌륭한 임금들은 임진왜란과 병자호란의 위기를 모두 슬기롭게 극복했잖아?
임진왜란
병자호란

아~하

우리 조상들의 훌륭한 덕은 그 옛날의 임진왜란과 병자호란이라는 위기를 모두 슬기롭게 극복하고

새로 맞이하는 임진년과 병자년을 맞이했으니 매우 감격스럽지!
임진왜란
병자년
와~
와~

임진왜란을 지조와 충의로 헤쳐 나간 우리 경주 최씨의 공로는
지조
충의
경주최씨
임진왜란

院書山龍
지금도 경주에 용산서원을 세워서 길이 남기고 있어.

임진왜란 때 일본의 침략에 충성을 떨치고자 경주에서 의병을 일으키시고 공을 세운 최진립 장군이
최진립장군

바로 우리 경주 최씨 조상님이라고.
경주최씨

임진왜란뿐 아니라 병자호란 때까지 나라의 위기 때마다 목숨을 걸고 충절을 지킨 우리 7대조 할아버지지.
에헴!
할아버지~

혹시 임진왜란 때 이순신 장군만 공을 세웠다고 생각하는 건 아니겠지?

뜨끔
하하!

하지만 내게 가장 소중한 영향을 주신 분은 누가 뭐래도 우리 아버지 근암공이셔.
척

조상들의 음덕이 끊이지 않고 흘러내려, 아버님께서 태어난 것이고,
응애

그 명성이 경상도를 뒤덮어 경상도 사람치고 우리 아버지 모르는 사람이 없을 정도였으니깐.
근암공이지요.
경상도 사람맞아? 쯧쯧.
누구요? 난 모르는데.

아버지는 학식이 높고 품성이 바르셔서 동네 어른들로부터 존경을 받은 대 유학자라고 할 수 있지.
오~
높은학식
바른품성

아버지에 대한 자부심 하나는 확실해.

꼬옥~
아버지께 어린 시절 배웠던 유학의 가르침을 평생 잊지 말아야지 다짐할 때가 많았으니깐.

여러분들도 가장 존경하는 사람이 있겠지?

그럼요~ 우리 아버지죠!
하하, 나랑 똑같네.

하지만 훌륭한 아버지의 현실은 너무 슬펐어. 그 지혜와 학식을 세상이 대우해 주지 않았거든.
세상
지혜
학식
안돼. 오지 마!

내가 아버지를 존경한다는 건 돈 많고 벼슬이 높아서가 아니었어.
돈
벼슬

돈도, 벼슬도 없었지만 학식만큼은 세상에서 최고였거든.
학식

하지만 아버지 같은 대유학자의 학식도 일장춘몽(一場春夢)에 지나지 않더라고.
일장춘몽! 한바탕의 봄 꿈이로다. 인생의 부귀영화가 덧없이 사라지는구나.

글 읽는 선비의 평생이 세월 속에서 한바탕 봄의 낮잠처럼 덧없는 것 같았어.

사십 평생 공부한 것이
공부

마치 울타리 너머에 버리는 물건처럼 쓸모없는 것이 되어 버리더군.
공부

평생 공부를 바탕으로 벼슬길에 올라도, 권력 싸움 때문에 백성들을 편안하게 해 줄 방법이 없다는 것을 아시고
배고파

과거시험과 청운의 뜻을 접었으니 말이야.
휙

사람들은 그래서 우리 집안을 몰락한 양반이라고 하지.
양반이긴 한데 벼슬이 없다더군.
아이고

하지만 벼슬을 원하셨는데 좌절하신 게 아니라, 자원해서 벼슬길을 멀리했다는 걸 알아줬으면 해.
끄덕 끄덕

옛날 중국 진나라 때에 도연명이라는 사람이 벼슬을 버리고 고향으로 돌아와 전원에서 농사를 지으면서 '귀거래사(歸去來辭)'라는 글을 지었는데 아버지께서도 그와 같은 글을 지었어.
도연명
귀거래사
옛날 중국 진나라

귀거래사의 구절 중 '각금시이작비' 라는 구절이 있어.
覺今是而昨非
각금시이작비

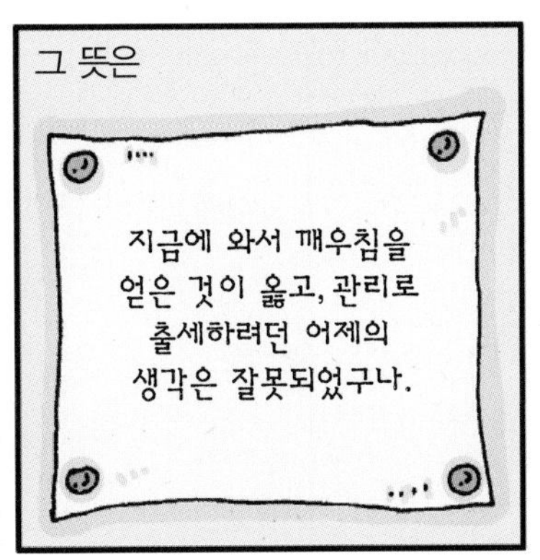
그 뜻은
지금에 와서 깨우침을 얻은 것이 옳고, 관리로 출세하려던 어제의 생각은 잘못되었구나.

아버지의 생각을 딱 한 마디로 나타낸 거 아니겠어?
각금시이작비

시 구절을 읊으시며 대지팡이를 짚고 나막신을 끌고 다니니
마치 벼슬을 버리고 숨어사는 처사의 행색이었지.
처사(處士)란
예전에, 벼슬을 하지
아니하고 초야에 묻혀
살던 선비를 말하네.

중국 한나라 때 엄자릉이라는 사람이
있었는데
중국 한나라
엄자릉

그는 광무제와 어렸을 때부터
친구였대.
광무제
엄자릉
까르륵

광무제가 임금이 된 후 어렸을 때
친구인 엄자릉을 불러 높은 벼슬을
주겠다고 하였으나
벼슬을 줄 터이니
나와 함께 합시다.

사양하고 시골에서 고기를
낚으며 자연과 벗 삼아 여생을
마쳤다는군.
난 벼슬이
필요없다우.

와~ 나 같으면
벼슬했을 텐데.
아깝다.

그를 두고 후세 사람들이
이렇게 말했다더군.
콩

엄자릉의 풍상*은
산이 높고 물이 긴
것과 같구려~

*풍상(風尚) – 풍채, 풍모. 거룩한 모습.

아버지께서도 벼슬을 안 하고 시골에
묻혀 사는 그 모습이 엄자릉의 기풍처럼
산과 물같이 고고한 선생의 풍모라 할 수
있어.
고고

아버지는 학문이
박식함에도 불구하고
벼슬에 오르지
못했으나

은일군자로서의
고결한 풍모를 지닌
분이어서 존경하지
않을 수 없었어.
하하하

지금 내가
있는 곳 이야기
해줄까?

너!

이곳은 기이한 봉우리와
괴이한 돌이 있어 장관을
이룬 아름다운 구미산이야.
구미산

구미산

하하
구미산은
너희에게는 유명한
곳이 아닐 수도 있어.

하지만 이곳의 자연경관은
매우 뛰어나지.
반짝
반짝

이곳은 아버지가 계셨던 곳이기도
하고,

아~ 내 고향
구미산~

내가 머물러 있는
곳이기도 해.

용추계곡
구미산에서
흘러내린 작은 폭포인
용추계곡의 물이 맑은
물가를 이루고 있고,

마룡 마을
보석처럼 빛나는 시냇
물은 옛 신라의 도읍지였던
경주 작은 마을인 마룡 마을을
서쪽으로 휘감고 있어.

복숭아꽃이 피어 있는 앞동산은
세상의 사람들이 알까 두려워
했다는 신선이 산다는
무릉도원 같다니깐.
으쓱-

무릉도원
알아?
?

도화원기
도연명
중국의 도연명*이
쓴 《도화원기(桃花源記)》
에 나오는 이야기야.

어느 날 한 어부가 고기를 잡으려고 강을 거슬러 가고
있는데 한참 가다 보니 물 위로 복숭아 꽃잎이 떠내려
오더라는 거야.

*도연명(365~427) - 중국 진나라 때의 시인.

그 향기가 그윽하여 자기도 모르게
꽃잎을 따라가다 보니 갑자기 커다란
산이 떠억 가로막고 있는데,

양쪽으로 복숭아꽃이
활짝 피어 있는 거야.

복숭아꽃을 즐기며 놀다가 문득 보니 작은
동굴이 하나 뚫려 있었어. 그 동굴은 어른
한 명이 겨우 들어갈 정도의 크기였는데,

안으로 들어갈수록 조금씩 넓어지더니, 별안간
확 트인 밝은 세상이 나타나더라는 거야.
아~
눈부셔~

그곳에는 끝없이 넓은 땅과 기름진 논밭,
풍요로운 마을과 뽕나무, 대나무밭 등 이 세상 어느
곳에서도 볼 수 없는 아름다운 풍경이 펼쳐져 있었지.

그들은 이 세상 사람들과는 다른
옷을 입고 있었고, 얼굴에 모두
미소를 띠고 있었어.

어부는 그들에게 융숭한
대접을 받고 며칠간
머물렀어.
아~
좋다.

어부가 떠나려 하니 그곳 사람들이
당부했대.
우리 마을 이야기는
다른 사람에게 하지
말아 주십시오.

그러나 어부는 너무 신기한 나머지 길목마다 표시를 하고,

돌아와서는 즉시 고을 사또에게 사실을 얘기했어.
속닥 속닥

사또는 기이하게 생각하고는 사람들을 시켜 그 곳을 찾도록 하였으나 길목 표시는 없어져 있고 끝내 찾지 못하였다는군.
여기
이쪽 진짜
원조 무릉도원

바로 서양에서 말하는 유토피아인 셈이지.
아~
인간들은 찾을 수 없는 이상세계 말이야.

동양 고전작품 속에 이 무릉도원과 복숭아꽃 이야기가 자주 나오니까 잊지 말라고!
알겠지?

OK.

이곳 정자 앞에는 푸른 시냇물이 흐르고 있어.
졸 졸 졸

가끔씩 나가 물가를 쳐다보고 서 있으면 마치 강태공이 된 듯한 느낌이 들어.

강태공이라고 들어 봤어?
아...

옛날 중국의 주나라 때 사람인데 위수라는 강가에서 나이 팔십이 넘도록 낚시질만 하였대.
중국 주나라

그의 낚시 바늘은 갈고리를 일(一)자로 펴놓은 것으로 그는 평생 동안 한 마리의 물고기도 잡지 않았지.
난 물고기를 잡지 않소.

왜 그러고 있냐고 물어 보니,
물고기를 안 잡을 거면 왜 이러고 있소?
거 참 이상하네.

세월을 낚고 있다네.
에헴

세월을 어떻게 낚지?
바로 자신이 큰일을 할 시간을 기다린다는 거지.
휙
휙

그러던 중에 주나라 문왕이 강태공을 찾아와서는 자신을 도와 달라고 했지.
좀 도와주시오.
문왕

그 후 강태공은 문왕과 무왕을 도와서 천하를 얻었고, 많은 사람들에게 선정을 베풀어 편하게 살게 했어.

우리 아버지도 말이야.

이곳에서 한가로이 세월을 보내신 것 같지만 언젠가는 세상을 구해 낼 큰 뜻을 품고 때를 기다리고 있다는 것을 알아줬으면 해.

연못 가까이에 정자의 난간을 세웠고 그 곳에는 연꽃이 많으니 이는 또한 중국 송나라 때의 성리학자 주렴계*를 생각하게 하지 뭐야.

* 주돈이(1017~1073) – '염계'는 그의 호이다.

주렴계가 누구냐고?

호가 염계(濂溪)라서 염계선생이라고 불리기도 하는 그는
염계선생
주렴계
태극설
태극(太極)설을 처음 주장하신 분이야.

주렴계가 연꽃을 사랑하였던 곧은 마음을 우리 아버지께서도 가지고 계셨어.
주렴계

다른 사람들은 국화니 장미니 매화니 하는 꽃을 예찬하지만,

연꽃이 제일이라고 했던 주렴계의 말이 있지.
꽃중의 꽃. 연꽃이 최고.

한번 볼까?

진흙에서 나왔으면서도 물들지 아니하고,
맑은 물결에 씻기어도 요염하지 않고,
속은 하나로 통해 있고 밖은 쪽 곧아,
넝쿨지지 아니하고 가지도 없으며,
향기는 멀수록 더욱 맑고, 우뚝 깨끗하게 서 있으니,
멀리서 바라볼 수는 있으나 만만하게
다룰 수 없다.*

*〈애련설(愛蓮說)〉.

이야말로 선비와 학자들이 꿈꾸는 풍모 아니겠어?
끄덕
끄덕

또한 이곳의 정자 이름을 용담(龍潭)이라고 지으신 것은 제갈공명의 마음을 따르고자 했음일 거야.

미천한 신분으로 초가집에서 살며 농사나 짓고 사는 제갈공명을
은인군자라 하지.

세 번이나 직접 찾아와 지혜와 지략을 얻으려고 했던 유비의 삼고초려는
유비
굽신
굽신

유명한 일화이지.

제갈량은 시골 땅에 묻혀 있으면서 스스로 와룡이라고 호를 지었어.
난 와룡이요.

누워 쉬고 있는 용인, 와룡(臥龍) 말이야.

지금 당장은 큰일을 하고 있지 않지만 세상을 구할 지혜를 가지고 있었던 제갈량과 아버지.
음… 뭔가 서로 비슷하구려.

와룡 제갈공명과 용이 잠들어 있는 연못이라는 용담의 연관성을 이제 짐작할 수 있겠지?
와룡
용담

아버지는 제갈량을 좋아했던 것 같아.

제갈량이 유비를 만나기 전에 초야에 묻혀 살았던 것과 같이 아버지께서도 시골 땅에 살면서 나라를 걱정하고 백성들을 생각하는 큰 뜻을 품고 계셨던 거야.

하지만 세월이 흘러가는 것은 막을 수 없었어.
철썩

연로하신 아버지는 홀연히 돌아가시고 말았지.

그때 내 나이 겨우 만으로 열여섯 살이었으니 무엇을 알았겠어?

게다가 아버지께서 평생 이룬 집은 큰 화재로 모두 불타 없어져 흔적조차 찾을 수 없었으니 말이야.
우리집은 어디에….

아버지의 훌륭한 업을 잇지 못하고 이 못난 자식은 세상일에 낙심만 하고 있었지.

도대체 어디로 나아가야 할지,

어찌 살아야 할지 알지 못한 채 한탄과 슬픔에 빠져 있었어.
엉엉

마음으로는 '결혼을 했으니 가정을 꾸려 나가야 한다.'는 생각이 있으나,

씨 뿌리고 곡식 거두는 농사일은 배우지 못했으니 할 수 없고.
아마추어는 저리 빠지쇼!

어려운 팔자만 탓하고 있으려니 춥고 배고프고 근심은 계속 쌓여만 갔어.
근심 근심
근심 근심

사십이 되도록 이렇게 지내야 했으니 어찌 괴로움이 없었겠어?

변변히 이루어 놓은 것도 없이 아내와 자식들 앞에 민망하기 짝이 없지 뭐야.
아 부끄럽게…
배고파요~

마땅히 거처할 곳도 정하지 못하였으니 누가 천지가 넓다고 말했던가?

하고자 하는 일이 모두 어긋나기만 하니 내 한 몸 추스르기도 어려운 신세에 한숨이 절로 나왔지.
근심
근심
근심

너무 절망하지 말아요.

제9장
수덕문2 - 인의예지(仁義禮智)와
수심정기(守心正氣)
1
2
3
인
의
예
지
수심정기

너무 슬픈 얘기만 했나?

부모를 잃는 고통은 하늘이 무너지는 고통과 같다고 하잖아?
콰릉

천붕지통(天崩之痛)이라고 들어 봤어?
처음 듣는데….
天崩之痛
하늘 천
무너질 붕
어조사 지
아플 통

내게 아버지를 잃은 슬픔은 바로 하늘이 무너지는 것과 같은 거였지.
아버지

하지만 이러한 슬픔은 내게 더 큰 깨우침을 주기 위함이 아니었을까?
슬픔
깨우침

아픈 만큼 성숙해진다는 말도 있잖아.
히~

이후 세상의 복잡하고 번거로운 일을 떨쳐 버릴 수 있는 힘을 가질 수 있었고,
예잇-
번거로운일
휙

가슴 속에 가득 맺혀 있던 슬픔을 스스로 꾸짖으며 극복해낼 수 있도록 강해졌어.
예전의 나를 잊어라.
불끈
활활

용담의 옛집은 아버지께서 거처하시며 높은 학문과 덕망으로 여러 선비들로부터 우러름을 받던 곳이지.
와-

경주는 나의 고향이니깐.
경주

이곳이 곧 아버지요,
경주

내가 머무를 곳도 바로 이곳인 거지.
아버지.

그것을 깨닫는 데 몇 년이 걸렸어.
너무 돌아왔어.

처자를 거느리고 전국을 떠돌다 기미년(1859년) 10월 고향으로 돌아왔어.
1859년 10월 고향에 도착

그리고는 한울님으로부터 무극대도*의 천도를 받은 때는 경신년(1860년) 4월이지.
받아라.
天道
1860년 4월 천도 받다

이 모든 것이 꿈결인 듯 잠결인 듯 일어난 일이요,
꿈이야 생시야.
벌떡

말로 표현하기 어렵지.

*무극대도 – 끝이 없이 큰 도.

제일 먼저 깨달은 진리가
뭔지 알아?
나야
모르죠?

자신의 의지대로 살아 보려고 아등바등
억지로 무엇을 이루려 해도 되지 않는다
는 거였어.

자기 고집대로, 욕심대로 살려고 하면
더욱 깊은 좌절만 느끼게 할 뿐이라고.

도대체 내 인생은 왜
이렇게 안 풀리는 걸까?
인생의 끈

고민과 실망에 빠져 있던 중
고민
실망

가만히 고전역사를 살펴보니깐
이게 아니더라고.
이게
아니군.

중국의 태평성대를 이루어
냈던 임금을 살펴보니

그들은 자신의 생각대로 정치를
했던 것이 아니더란 거야.
왕인데
맘대로 해도
되지 않아?
너 개념
없구나.

그 분들은 천지의 모든 변화를 담고
있는 64개의 주역 괘를 따져 보았던
거지.
부끄러운 줄
알아야지.

역괘에 따라 움직였으니 그것은
인간의 욕심이나 의지에 따른
것이 아니라 하늘의 이치에 따른
것 아니겠어?

덕치를 펼치기 위하여 하늘을
공경하고 그 이치를 따랐던 거지.

임금뿐 아니라 옛 선비들도 생활 속에
서 이렇게 하늘의 명에 순종하고
그대로 따랐다는 것을 알 수 있었지.

이러한 이치를 생각하며 오늘의 후학들이 어찌 지내고 있는가 생각해 보니 '이건 아니로구나!' 하는 생각이 들더군.

임금은 하늘과 백성의 마음을 헤아리지 않고 자신의 권좌만 지키기에 급급하고,
내 거야!

사대부들은 출세에 눈이 멀어 관직을 사고팔지.
₩
관직

게다가 서양 사람들은 호시탐탐 우리 해안선을 노리고 있으니 말이야.
슬금
슬금

이것은 우리가 타고난 대로, 순리대로 살고 있지 않기 때문인 거야.
쟨 왜 꺼꾸로 한데?
그러게

선대 임금과 유학자들의 가르침을 망각하고 순천리, 순천명하지 않는 것이니!
순천리, 순천명이 뭔가요?
하늘의 뜻대로 살고 죽는다는 말이에요.

이 시대가 과연 어찌 흘러 갈 것인지 깊은 탄식이 나오더군.
시대

에휴~

닦고 닦으니 자연 아님이 없는지라.
공자의 도를 깨달아 보면 한 이치의 정한 바요,
오직 나의 도를 논하면, 대체로는 같고 작게는 다르니라.
의심을 버리면 사리의 떳떳함이요,
예와 지금을 살피는 것이 사람이 할 바이니라.
포덕할 마음은 뜻하지 아니하고,
지극히 정성을 드리는 일만을 생각하노라.
– 수덕문
펄럭
펄럭

그래서 시작한 수련이었다고 봐야 하지.

마음을 단련하고 도를 닦으니, 도의 이치가 다른 특별한 것이 아니었어.
싹싹
싹싹
으샤
으샤

사람은 자연의 일부잖아.

그러니 자연의 이법에 조금도 어긋나는 것이 없다는 것을 알게 되었지.

공자의 도를 살펴보아도 천도라는 하나의 이치로 인륜을 설명하고 있음이요,
天道
人倫

또 나의 도를 논해 보아도 곧 천도를 근거로 하지.
天道
道

그러니 큰 부분에 있어서는 공자의 도와 나의 도가 서로 같은 것이지.
天道
人倫
道

하지만 도를 실행하고 수행하는 것 등의 작은 부분에 있어서는 서로 다르다는 것을 알게 되었어.
人倫
道

이러한 깨달음을 얻으니 마음으로부터 의심되는 모든 것이 없어지고 확고한 믿음을 가질 수 있었지.
믿음
의심

인간 만사의 모든 이치가 분명해지고 역사를 통해 고금을 살펴보았더니
역사

기원전의 말씀인 공자의 도나 2천 년 후에 깨달은 나의 도나 모두
하늘의 이법을 따르라
2천 년 후 최제우
기원전 공자
하늘의 법을 따라야 한다는 공통점이 있었어.

그것이 천도이고 사람들이 마땅히 따라야 하는 도리임을 알았지.
天道

그래서 포덕하려는 마음을 잠시 접어 두고 지극한 마음을 다하여 수련에만 임하게 되었지.
음… 아직 때가 아니야.

그러다가 경신년 4월 한울님으로부터 무극대도를 받은 거야.

그 후 일 년 가까이 수련과 치성으로 세월을 보내며 포덕하기를 미루어 오다가
음… 아직….

마침내 신유년(1861년)을 맞이하게 되었어.
1861년
빠밤~

때는 6월이요 절기는 여름이었지.

내가 나서서 포덕을 알리려 하지도 않았는데도 도를 배우려는 어진 벗들이 찾아와 자리를 가득 메웠지.
어디서 이 많은 사람들이?

찾아온 사람들에게 도를 전해 주기 전에 먼저 주문을 짓고 마음을 순수하게 하고 도를 행하는 여러 법도를 정했지.
법도

찾아온 선비들이 나에게 도에 관하여 물어
도가 무엇인가요?

비로소 나는 그들에게 한울님의 가르침인
널리 퍼뜨려 주시오.
천도를 펼치고 포덕을 권하게 되었던 거야.

포덕은 세상 사람들의 마음을 편안하게 하기 위해서이니 한울님의 뜻을 전할 필요가 있었어.

그래서 한울님으로부터 받은 영부와 주문을 전해서 포덕을 할 수 있었어.
주문
한울님께 원하는 바를 전함
영부
신령스러운 부적

이 영부와 주문에 대해 말해줄까?
영부
주문

한울님을 만나 무극대도를 받을 때
번쩍
흰 종이에 한울님께서 내려 주신 글자가 있었지?

그게 영부인 거야.
영부

그것이야말로 불사(不死)약인 게지.
뭐야?! 불사약이라고?!
띠용
진시황

그 모양으로 말하면 궁(弓) 을(乙) 처럼 생겼어.
궁
을

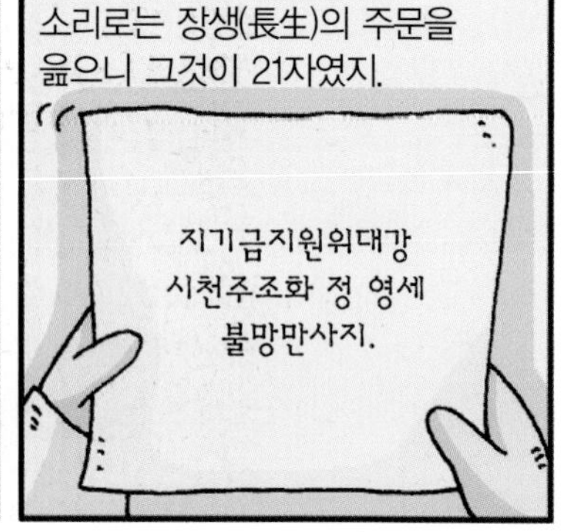
소리로는 장생(長生)의 주문을 읊으니 그것이 21자였지.
지기금지원위대강
시천주조화 정 영세
불망만사지.

지난번에 말해 줬지?
까먹지 않았겠지.

다시 한 번 주문을 외워볼까?
OK

지기금지원위대강
시천주조화 정
영세불망만사지!

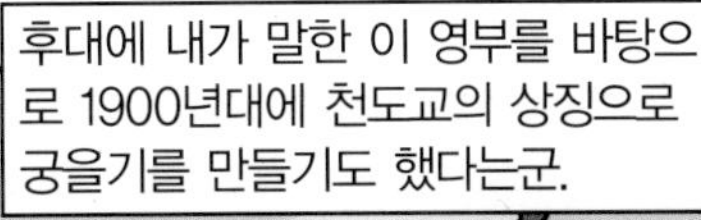
후대에 내가 말한 이 영부를 바탕으로 1900년대에 천도교의 상징으로 궁을기를 만들기도 했다는군.

깃발 그리는 중이죠.

한울님이 내게 주신 무극대도의 모양의 원형을 많이 살려 그린 그림인데 한번 구경해 볼까?
완성했다

끄덕 끄덕

태극하고 비슷하기도 하면서 궁을(弓乙) 자의 모양을 담고 있지.

'한울님의 마음이 곧 내 마음'이라는 그 뜻을 담으려고 했다는군.

다시 내 얘기로 돌아올까?

포덕을 시작한 후로 용담의 문호를 활짝 열었지.

그랬더니 도를 듣기 위하여 찾아오는 손님들이 수를 헤아릴 수 없을 정도로 많지 뭐야?
우르르
도를 들려 주세요~!

자리를 펼쳐 천도의 이야기를 주고받을 수 있는 기회를 마련해 주기도 했어...

바르고 깨끗한 도를 세상에 편다는 즐거움이 얼마나 큰지 몰라.

하 하 하

갓을 쓴 어른들이 예의를 받들어 찾아오고, 나가니 이는 마치 그 옛날 공자가 3천 제자와 더불어 예와 법도를 갖춘 것과 같은 수준이었다고.
와~

어린 아이들이 절하며 공손히 손을 모아 들어오니 이것이야말로 진정한 기쁨 아니겠어?

공자가 사랑하던 제자 증석의 말이 떠오르더군.

다른 제자들은 모두 출세를 하고자 하는 포부를 얘기할 때 증석만 홀로 얘기하지.
높은 벼슬까지 가야죠.

사람들과 더불어 목욕하고 시를 읊으며 시원한 봄바람을 쐬고 돌아오며 즐거운 노래를 부르고 싶다.
?
?

그 말에 스승인 공자가 증석에게 감동을 받았다고 해.
오~

나도 마찬가지야.

부귀영화가 하나도 부러울 것 없이 사람들과 더불어 천도를 이야기 하고
천도란 말이죠…
중얼 중얼

아이, 어른 할 것 없이 도를 이야기하는
오~!

이 소박한 즐거움이 바로 공자의 즐거움 아니겠는가?
하하하

공자의 그 모습이 오늘 다시 내게 찾아온 것 같네.

도를 묻는 제자 중에서 나보다 나이가 위인 사람도 있으니
질문이오.
부담100배

어찌 감격스럽지 않겠어?
싸익

결코 쉽지 않았을 텐데, 말이야.

나이가 많으니 경험도 많을 테지만 어린 나에게 묻는 것을 부끄러워하지 않고 겸손과 공경의 태도를 가지고 배워 갔어.

좋은 말씀 듣고 가오.
어이쿠, 어르신 저야 말로….

이는 바로 지혜와 언변이 뛰어나고 재벌가였던 자공이 겸손한 태도로 오히려 공자에게 도를 배운 것과 비슷한 것 아니겠어?

제자들과 어울려 도에 관하여 문답을 하고

또 예의를 갖추어 노래 부르고 시를 읊고 춤을 추니

이는 그 옛날 공자께서 제자들과 더불어 노래하고 춤추던 바로 그 모습이 지금 다시 나타난 것 같아.

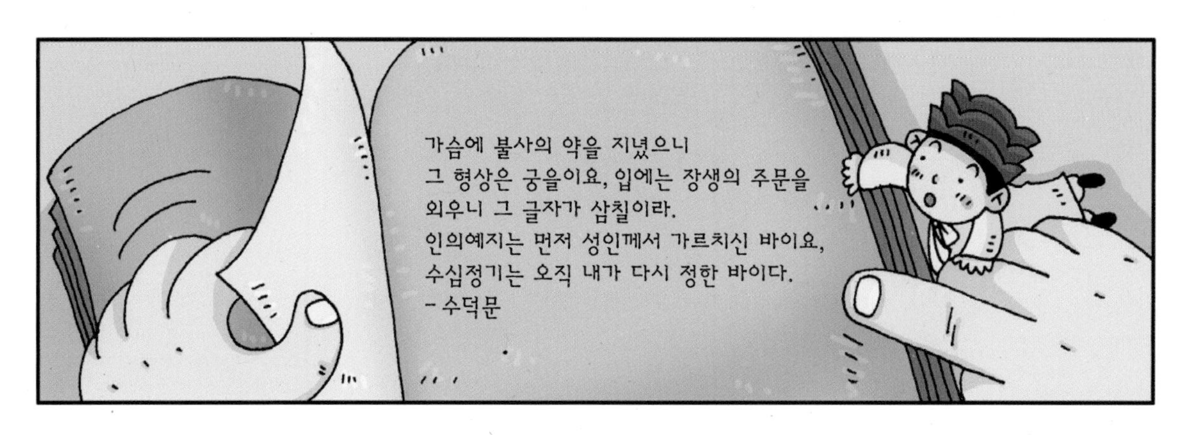

가슴에 불사의 약을 지녔으니
그 형상은 궁을이요, 입에는 장생의 주문을
외우니 그 글자가 삼칠이라.
인의예지는 먼저 성인께서 가르치신 바이요,
수심정기는 오직 내가 다시 정한 바이다.
- 수덕문

앞선 성인들께서는 인의예지라는 덕목이 사람들의 삶에서 얼마나 중요하고 또 중요하게 실천되어야 하는가 하는 것을 누누이 강조하셨어.
인의예지
밑줄 쫙!
이거 시험에 나와!

그러나 이 인의예지라는 덕목을 사람들의 생활 속에서 올바르게 나타내고 실천시킬 수 있는 수심정기(守心正氣)는 내가 새롭게 한 말이지.
끄덕
인의예지
수심정기
끄덕

곧 한울님으로부터 받은 인간의 마음을 회복시켜 이를 올바르게 지키고,
자, 잘 키우게나.
감사합니다.

이 올바른 마음을 되찾을 수 있도록 한울님의 기운을 바르게 하는 법이 바로 수심정기라고 할 수 있어.
올바른 마음을 잘 키우는 법이네.
일종의 설명서 같은 거구나.

어려워 하는 친구들을 위해 차근차근 설명해 줄게.

먼저 인의예지에 대해서 아직 모르는 친구들을 위해 잠깐 쉬었다 가자.
인의예지

인의예지란 사람이 마땅히 가져야 할 마음가짐을 가리키는 말이야.
마음가짐

仁義禮智
어질 인(仁), 의로울 의(義), 예의 바를 예(禮), 지혜로울 지(智)를 의미하고 있어.
척

유학에서는 '사단(四端)'이라고 하며 사람의 본성에서 나오는 네 가지 마음이란 뜻이지.
1
2
3
4

이 사단은 사람이 태어날 때 하늘로부터 받은 것으로

사람이 사람다울 수 있는 근본인 거야.

놀이터에서 놀고 있는데 어떤 아이가 길을 잃고 울고 있으면 우리는 어떻게 하지?

그냥 모른 척하고 자기 할 일만 하나?
나하고는 상관없는 일.
휙

아니지?

누가 보고 있는 것도 아니고, 그로부터 이익을 얻으려는 것도 아니지만 순수한 마음으로 길 잃은 아이를 도와주게 되잖아?
왜 울어? 길 잃어 버렸어. 같이 찾아 보자.
끄덕

그게 바로 사람의 본능적인 선한 마음이야.
다행이다.
엄마다.

이렇게 사람이 타고난 선한 마음을 네 가지로 나누어 본 것이 인의예지야.
인
의
1
2
3
4
예
지

맹자는 이 인의예지의 극치를 강조하면서 《공손추편》에서
맹자
공손추편

인을 측은지심,
흑… 불쌍해.
惻隱之心 : 불쌍히 여기는 마음, 어짐의 극치.

의를 수오지심,
羞惡之心 : 부끄러워 하는 마음, 옳음의 극치.
부끄러운 줄 알아야지.
새치기 하지 마요.
새치기 하지 마세요.
창피해.

예를 사양지심,
이것도 가지세요.
辭讓之心 : 사양하는 마음, 예절의 극치.
아니 괜찮습니다.

지를 시비지심으로 보고
是非之心 : 옳고 그름을 아는 마음, 지혜의 극치.
솔로몬의 선택

사람의 성품은 본래 선하다고 보는 성선설(性善說)을 주장하기도 했어.
나쁜 마음으로 태어나는 사람은 없다우~
성선설

인의예지는 이제
알았고,
쭈욱

내가 새롭게 주장하는 수심정기는
이제부터 자세히 다시 설명해
줄게.
New
수심정기

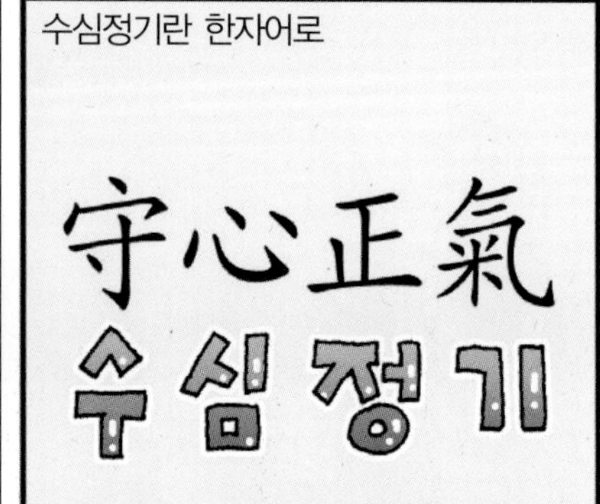
수심정기란 한자어로
守心正氣
수심정기

글자 그대로 풀어 보면 이런
뜻이지.
마음을 지키고
기운을 바르게
한다.

이때의 마음이란 태어날 때
한울님으로부터 부여받은 마음을
가리키는 거야.

한울님에게 받은 마음을 잃지
않고 지켜야, 그 순수한 기운을
바르게 할 수 있는 거지.
슥슥

인의예지를 사람들이 타고난
것은 맞아.

하지만 요즘 사람들을 지켜보면 타고난
그 아름다운 본성을 그대로
간직하고 있지 못해.
빵빵

어린 아이들의 순수한 마음이 살면서
티끌과 먼지가 묻어
더러워진 거지.

그런데도 '인간은 선하니까 괜찮아.' 라고
생각하면 되겠어?
본성이
선하니까
괜찮아.
그럼 어떻게
해요.

그래서 바로
실천!

그게 중요한 거야.
포인트

살아가면서 착한 마음을 항상 실천하려고 노력하는 그 수행방법이 바로 수심정기인 거야.

한울님의 마음을 올바르게 지키려고 하고, 올바른 마음에 의한 올바른 행동으로 실천해야 한다는 것이지.

이 수심정기야 말로 하늘의 상서로운 기운이 떨어지고 끊어진 위기의 시대를 다시 일으킬 수 있는 길인 거야.
수심정기

이것을 통하여 한울님과 오심즉여심(吾心卽汝心)이 될 수 있음이요,
오심즉여심은 '내 마음이 곧 네 마음' 이란 뜻이야.

사람이 곧 하늘*이 될 수 있지.

*인내천(人乃天)

올바른 실천이야말로 한울님의 가르침을 세상에 펼치는 방법인 거야.
실천
쪼작
쪼작 쪼작

어떻게 마음을 지켜야 하느냐고?
빨리 알려 주세요.

하하. 서두르지 말자고.

우리는 이미 선한 마음을 타고났으니 그리 어렵고 고된 수행이 필요한 건 아니야.
멈칫!
진작 말해주지.

다음 장에서 차근차근 생활에서 실천할 수 있는 8계명을 설명해 줄게.
8계명

10계명에서 2개 줄여 놨으니 꼭 실천해야 돼.
노력해 볼게요.
8계명

제10장 수덕문3 – 8가지의 수행 방법과 그 효과

1. 一番致祭 永侍之重盟
2. 萬惑罷 守誠之故也
3. 衣冠正齊 君子之行
4. 路食手後 賤夫之事
5. 道家不食 一四足之惡
6. 陽身所害 又寒泉之急坐
7. 有夫女之防塞 國大典之所禁
8. 臥高聲之誦呪 我誠道之太慢

이제 본격적으로 수행의 계율을 하나씩 알려 줄까?
8가지 수행 방법
1.
2.
3.
6.
7.
8.

기독교에도 십계명이 있지?
성경

하느님이 이스라엘 민족에게 내렸다는 십계명 말이야.
받거라.
이스라엘 민족

그 중에 보편적으로 널리 지켜지는 계명으로 이런 것이 있지.
· 너희 부모를 공경하라.
· 살인하지 말라.
· 간음하지 말라.
· 도둑질하지 말라.
· 이웃에게 불리한 거짓증언을 하지 말라.
· 네 이웃의 재물을 탐내지 말라.

이러한 십계명을 지킨다면 모두 착하게 살 수 있을 것 같지?
네!

이러한 생활 규범은 모든 그리스도 인들에게 영향을 주었을 거야.
우리는 십계명을 지키며 산다.

우리 동학에서도 이처럼 도인들이 지켜야 할 계율을 정해 놓고 있어.
동학에서 도인들이 지켜야 할 계율

여기서는 도인들이 지켜야 하는 수행법과 동학의 가르침을 행하면 나타나는 수행의 효과 등을 설명해 줄게.
1. 수행법
2. 수행 효과
툭! 툭!!

1. 도에 들어와 입도식을 올린 것은 한울님을 모시겠다는 중요한 맹세이니 영원히 잊지 말아라.*
잊지 않는다.
한울님은 잊지 않는다.

도에 들어오려면 맨 처음에 입도(入道)식을 행하는데 그 절차는 간단하지만 그 내용은 대단히 중요한 것이지.
<절차>
<내용>

* 番致祭(일번치제) 永侍之重盟(영시지중맹)

남자와 여자가 마음을 합하여 새로운 가정을 이루기 위하여 결혼식을 행하는 것도 매우 거룩한 일이지.
축결혼

학교에서 입학식을 하는 것도 같은 것이고.
초등학교 입학식

그러니 입도식은 한평생 한울님을 길이 모시기 위해서 한울님과 한 약속이니 한울님께 굳게 맹세해야 하지.
맹세합니다.

그러므로 한번 입도식을 행하고 한울님을 한평생 길이 모시겠다고 굳게 약속하고 맹세한 것은

어떠한 일이 있어도 중간에 그만 두거나 약속을 어기는 일이 있어서는 안 되는 거야.
난 절대 누구처럼 어기지 않겠어.
부글 끈
배신자

그러므로 이 중요한 약속을 절대로 깨지 말라는 것이지.
안 떨어져요.
어쩔 수 없다네 하하하.

2. 마음에 일어나는 많은 의심을
깨뜨려 없애고 믿음에 정성을 기울여라.*
쩍!
의
심
믿음

무엇을 믿는다는 것은 눈으로 보고
귀로 들을 수 없는 마음의 작용이지.
무슨 소리가 들린 것 같은데….
깜박 깜박!
샥~
믿음

*萬惑罷去(만혹파거) 守誠之故也(수성지고야)

마음이 굳고 강하지 못하면 의심이 생기는 거야.
퍽
의심
믿음

하지만 그 의심으로 궁금증과 호기심을 가지면 찾고자 하는 결론에 도달할 수는 없는 법이야.
근데 어디로 가지?
궁금증
의심
호기심

동학에 처음 입도하였다가 얼마 안 가서 그만두거나 또는 하지 않는 사람들은 거의가 다 이 의심 때문이지.
또 끔
의심

동학을 바르고 확실하게 알지 못하니 굳은 믿음이 서지 못하고 의혹이 생기는 거야.
의혹
의혹
의혹
의혹
믿음
좀더 배워야 겠어.
부들부들

도에 입도하였다고 해서 모든 의혹이 다 풀리는 것이 아니지.
아~ 왜 안 풀리지.

처음에는 아무것도 모르므로 오히려 더 많은 의혹이 생기게 돼.

어떻게 해야 의혹이 없어지게 되는가?
음..

자… 받으시오.
천천히 하면 잘 될 거야.
그것은 내가 가르쳐 준 한울님을 모시는 방법, 도 닦는 법 등을 그대로 잘 지키고 지극한 정성을 드리면 되지.

정성을 드리면 반드시 한울님의
마음을 느낄 수 있고,
내가
느껴질 텐데.

가르침도 받게 되며, 모든
것을 알게 되는 거야.
오!
가르침

그때서야 비로소 모든 의혹이 없어지고
굳은 신념이 생기게 되지.
신념

3. 옷매무새를 단정히 하고 가다듬어
군자와 같이 행하라.*

도를 닦는 사람들은 행동을 바르게 해야 하지.
바르게
바르게

* 衣冠正齊(의관정제) 君子之行(군자지행)

이 바른 행동은 겉모양으로 나타나
는 것이므로 우선 복장부터 바르게
갖추어야 해.

그렇다고 고급스럽고 좋은 옷을
입으라는 것은 아니야.
최고급 갓
명품 썬그라스
고급
비단

비싼 옷, 사치스러운 옷이
단정한 게 아니지.
9620470
593920
1836000
삐—

혹시 단추를 풀어놓은 건 아닌지, 몸을 많이 노출시킨 건
아닌지, 옷깃이 비뚤어진 건 아닌지
살피라는 말이지.
완벽합니다.

비록 허름한 옷이라도 자주 빨아 깨끗하게
입으면 그것이 단정한 거야.

4. 길에 다니며 음식을 먹는다거나 뒷짐을 지는 것은 천한 사람의 행실이니 하지 말라.*

음식을 길거리에 들고 다니면서 먹지 말아야 하지.
왜요? 배고픈데… 쩝….
오물
오물

*路食手後(노식수후) 賤夫之事(천부지사)

어릴 때는 혹시 그럴 수 있더라도 어른이 돼서 그런다면 그건 유치함을 벗어나지 못한 거지.
친구~♡
툭!
또 위생과 건강 면에서도 해로운 일이야.

또한 뒷짐을 지고 어슬렁어슬렁 돌아다니는 행동은
저러고 다니면 안되겠군….
흉하다 쯧쯧.
건들 건들
보기에도 흉하고 거만한 사람들이나 하는 행동이니 해서는 안 되지.

5. 도인(道人)의 가정에서 먹지 않는 것은 네 발 달린 짐승의 나쁜 고기이니라.**
도를 닦는 사람들은 어떤 음식을 먹어야 하는 걸까?

웰빙을 추구하는 요즘 사람들은 신선한 야채와 과일, 특히 농약을 사용하지 않고 재배하는 유기농 음식을 선호하는데,
유기농 코너

**道家不食(도가불식) 一四足之惡肉(일사족지악육)

도를 닦고 공부를 하는 사람들에게는 어떤 음식이 좋을까?

특별한 것은 없고, 다만 네 다리를 가진 짐승의 나쁜 고기를 먹지 말라는 거야.
왜일까?

성장하는 우리들에게는 반드시 필요한 단백질 공급원이기도 한 육식의 섭취를 왜 도가에서는 비추! 하는 걸까?
우린 더 많이 자라야 한다고요~

그건 육식이 신체를 기름지게
할지는 몰라도
한울님과 통하는
뚝
뇌신경을 둔화시키는 작용을
한다고 해석하기 때문이야.

신경이 둔화되면 감각이 둔화되고
그러면 영(靈)의 기운이 가깝게 접하지
못하므로
한 명
떨어져
나갔군…
흑
영력(靈力)이 떨어지겠지?

그러니 신앙을 하는 사람들은 집안
식구 모두가 먹지
말라고 하신 거야.
누구야?
고기 먹은
사람?
어떻게
알았지…

그리고 짐승의 고기를 먹기 위해서는
살생(殺生)을 해야 하는데,
그것을 좋다고
할 수 없지.

지금도 스님들은
육식을 하지 않지?
아마 그런 것들과
관련이 있을
거야.

이 부분을 해석하기에 따라서는
네 다리가 달린 나쁜 고기를, 특히
개고기라고 해석하는 경우가 많아.
왜?
나지…

우리나라의 옛날 책들을 보면,
개고기는 불성*이 없다고 하여 불교나
유교에서도 먹지 말라고 하고 있어.

NO

뿐만 아니라 산신이나 미신을
믿는 사람들조차도 먹기를
꺼려 했다고 해.

우리는 개고기를
먹지 않아요.

개는 사람과 가장 가깝게 살면서 인간을
비난할 때 사용하는 대표적인 동물이잖아.
캬~
이런 멍멍이
같은 사람아!!

*불성(佛性) – 부처님의 성품.

사랑스럽기도 하지만, 이런 의미 때문에
개들이 수난을 겪는 건 아닐까?
내가 뭘
잘못 했다고
…

어떤 외국인은 우리나라 사람이 개고기를 먹고 이를 즐긴다고
해서 비난하기도 하지만,
야만인!!!!
아니거든.
개고기의 섭취는 우리의 전통이라고 보기는 어렵지.

6. 따뜻한 몸에 해로운 것은 갑자기 차가운 물에 급하게 들어가 앉는 것이니 이는 하지 말라.*
진작 말해주지.
오돌 오돌

목욕을 하지 말라는 말이 아냐.
귀찮은데 잘됐다. 크크

*陽身所害(양신소해) 又寒泉之急坐 (우한천지급좌)

게으른 친구들이 이걸 보고 겨울에 목욕하지 말라는 말로 이해하면 안 되는데.
그럼 무슨 말이에요.

이 말은 찬물에 목욕하지 말라는 거야.
아!

도를 닦고 정성을 드리는 사람으로서 항상 몸을 깨끗하게 해야 하지.
아~ 좋다.
道

수도라고 하는 것은 마음을 닦는 것이지 몸에 때를 닦는 것은 아니잖아?
뜨끔

영화 같은 데서 보면 추운 겨울에도 폭포수를 맞으며 도를 닦는 도인의 모습을 보고 '와, 대단하다.' 생각했지?
와~

하지만 그것은 좋은 게 아냐.
음!

인간의 몸은 귀중한 것이야. 몸에 해가 되는 일은 절대로 삼가야 해.
삐-

우리의 체온이 36.5도인데 차가운 물에 갑자기 들어가면 건강을 해칠 수 있어.
아… 추워.
오돌 오돌

아무리 정성을 들인다고 하더라도 추운 겨울에 냉수에 갑자기 들어가는 일은 절대 하지 말아야 해.
에취

7. 유부녀에 대해 음흉한 마음을 갖지 말라.
이것은 나랏법으로도 금하고 있다.*
휙
전 유부녀예요.
저….

조선은
유교사회라
남녀차별 같아 미안하지만 어쩔 수 없네.

*有夫女之防塞(유부녀지방색) 國大典之所禁(국대전지소금)

여인들이 자유롭게 연애를 하고 문란해지는 것을 막기 위한 가르침이야.
부모님 뜻에 따라 시집 가
집안에만 있다가
평생을 살았어요.

도인들은 마음을 수련하고 뜻을 같이 하는 동료들이 많기 때문에, 남녀를 구분하기 이전에 같은 도인으로서 공감대를 많이 가질 수 있지.
우리 함께 도를 나누어 봐요.

그러다 보면 유부녀에게 남다른 정을 품을 수 있으니 이를 경계해야 한다는 거야.
저….
이러시면 안 돼요.

특히 도인들은 남녀관계를 엄하게 분별해야 하지.
남
여

유부녀와 정을 통하지 못하게 막고 있는 것은 도인의 율법이기도 하지만 나라의 법으로도 금하고 있어.
유부녀랑
바람피우면
안 된다
-나랏님

조선의 국법은 《경국대전》이라는 책에 잘 정리되어 있지.
조선 시대 기본 법전
경국대전

그러므로 도인들은 유부녀와 정을 통해서는 절대 안 되고,

윤리 도덕이나 법에 어긋나는 일은 하지 말아야 해.
윤리 도덕
법

8. 누워서 큰소리로 주문을 외우는 것은
정성을 기울여야 하는 도에 옳지
못하니 그리 하지 말라.*

*臥高聲之誦呪(와고성지송주) 我誠道之太慢(아성도지태만)

도를 닦는 사람들은 한울님에 대한 주문을 잠깐이라도 잊지 말고
무슨 일을 하든지,
어디를 가든지,
언제든,
항상 외워야 해.
화장실

주문을 외우는 방법은 큰소리로 외우는 것이 있고
지기금지원위대강
시천주 조화~.

속으로 외우는 것이 있고
지기금
지원
위
대강
시천주
조화~.

마음으로 외우는 것이 있겠지?
지기금지
원위대강…

그 중에서 큰소리로 외울 때는 반드시 자세를 바르게 하고 공손하게 앉아서 외워야 해.
똘망
똘망

자세가 바르지 않다거나 누워서 큰소리로 외우는 것은
철푸덕
히
히

정성드린다고 하기보다 오히려 게으르고 거만한 행동이지.
벌떡

만약 아파서 누워 있을 때는 어떻게 하냐고요?

그럴 때는 마음으로 주문을 외우면 되지.
아~

하지만 바르고 공손한 자세로 주문 공부를 하는 것이
바르고 공손한 자세로…
나 찾았어?
한울님과의 교감할 수 있는 가장 좋은 방법임을 잊지 마.

이렇게 8가지의 율법을 지키면 얼마나 아름답겠어?
반짝
반짝

우리 도가 이 세상에 이루어진다는 것은 얼마나 아름다운 일인가 말이야!
道

반짝
맞아요!
반짝

우리 도에 입도하여 수도를 열심히 하면 글을 삐뚤빼뚤 못 쓰던 사람도 금방 왕희지와 같이 글을 잘 쓸 수 있게 되고,
오~

나무나 베고 풀을 베던 목동이라고 해도 세상의 사람들이 감탄할 시가 저절로 나오게 되지.
짝짝
짝짝
짝짝

에이~ 진짜요?

하하. 거짓말 같이 느껴지니?

이런 변화는 절대 과장이 아니야.

우리의 도를 믿고, 매사 겸손하고 공경하며 지난날의 허물을 뉘우치게 되면,

이 뉘우침 자체가 매우 중요한 삶의 자산이 되지.
뉘우침

그러니 글씨에도 공(功)이 들어가고, 노래에도 감응이 나타날 수 있는 거야.

그러니 이러한 사람은 세계 제일의 부자라는 빌게이츠의 재물도 부러워하지 않게 될 것이요,
what?!

도에 지극한 정성을 드리는 사람은 스스로 세상 이치에 환하게 되어 아인슈타인의 총명함이라도 부러워하지 않게 되지.

도를 닦아 용모가 신선과 같이 바뀌는 것은 다름 아니라,
뽀드득

정신에 신선의 바람이 불어와 이르기 때문이야. 그래서 도에 정진하면 오랜 병도 스스로 낫게 되지.
여긴 내가 있을 곳이 아니야…
病

의사의 이름조차도 기억나지 못할 정도로 병에 대한 근심과 걱정에서 벗어나게 될 거야.
의원
폐업
망했음

이렇게 도에 입도하여 정진하게 되면,

정신적으로나 신체적으로나 많은 기적과 같은 변화를 경험하고 또 일으킬 수 있어.

그러나 이러한 현상은 도를 닦는 동안에 저절로 일어나는 현상일 뿐이지

결코 도의 진정한 목적은 아니야.

그러므로 올바르게 한울님의 도를 이루고 한울님의 덕을 세우기 위해서는 그 수도하는 사람의 바른 정성이 있어야 하며,
음… 잘하고 있네.

올바른 사람으로부터 올바른 도를 전수 받을 수 있어야 해.
받으시오.
올바른 도

지금 세상의 많은 사람들이 혹 떠도는 말을 듣고 헛되이 수도를 하고,

혹 떠도는 잘못된 주문을 듣고는 이를 읊는 사람들이 많으니
얄의 알리 알라 숑.
얄라리 알라~

이것은 잘못된 일이고, 민망스러운 일이지.
요놈,

안타까운 나의 마음은 간절해지고,
안절
부절
아… 어떻게 해야 하지.

빛나는 한울님의 성스러운 덕이 혹 잘못될까 두려울 뿐이야.
악

세상의 일이 이와 같이 되는 것은 우리 도인의 수가 많아졌는데,

나와 멀리 떨어져 있기 때문이지.

서로 얼굴을 마주 하고 교화의 가르침을 전해 주지 못하기 때문에 왜곡될 수 있을 거야.

우리 도인들과 서로 몸이 멀리 떨어져 있어 마음의 기운으로 비추고 주고받기는 하지만

서로를 그리워하는 마음을 견디기 어렵더군.

그래서 가까이에서 그 마음을 펼치려고 하면

반드시 관가로부터 지목을 당해 죄의 혐의를
받게 되니 이 얼마나 안타까운 일이 아니겠어?

이런 이유로 이 글 수덕문을 지어
여러 제자들에게 알리는 거야.
꼬옥—
아~ 스승님이
느껴져.
수덕문
수덕문

어진 나의 제자들아, 나의
이 가르침을 성실한 마음으로
조심하여 듣고,

마음에 새기어, 행동으로
실천해다오.
끄덕
끄덕

무엇보다 우리의 이 도는 마음으로
먼저 믿을 수
있어야 해.
수덕문

마음으로 믿는 것이 곧
정성이 될 수 있지.
믿음
정성

믿음이라는 뜻을 지닌 신(信)이라는
글자를 풀어 본다면 '사람(人)의 말(言)'을
뜻하는 거야.
信
人
言
사람인
말씀언

이러한 사람의 말들 중에는 옳다고
할 수 있는 말도 있고,

옳지 않다고 할 수 있는 말도 있지.
악

그러니 옳은 말은 취하고, 옳지 않은 말은 버려서 두 번
세 번 깊이 생각하여 마음으로 정하도록 해야 해.

마음이 정해진 이후에는 절대 어떠한 말에도 흔들리지 말고,
안 들려~

또 다른 말은 믿지 않는 것이

바로 올바른 믿음이 될 수 있지.

이와 같이 믿음을 가지고 마음을 닦게 되면 그것이 곧 정성을 기울이는 것이 되는 거야.

나 정성
마음

정성과 믿음은 도를 닦는 근본에서는

거의 같은 것이라고 할 수 있지.
信

사람의 말이 믿음이 되고,
信
言

또 이 말에 의해 이루어지는 것에 정성을 기울이는 것이니,

먼저 믿고 후에 정성을 기울여야 하지.
OK.

내가 지금 밝은 깨우침의 가르침을 내리노니,

이 말들을 믿고, 공경하고 또 정성을 다하여 나의 가르침의 말씀을 어기지 말도록 바랄게.

걱정하지 마세요.

제11장 불연(不然)과 기연(其然)

天運
불연
기연

최제우는 한울님을 알기 위한 행동의 실천적 수행을 강조하였지만
실천
중요

자연 현상에 대한 인식을 어떻게 해야 하는가 하는
어찌 생각하느냐?
날씨가 참 좋네요.

인식론적 측면에서 설명하는 장도 있어.

천지의 사물과 생명 현상을 어떻게 바라볼 것인가에 대한 내용을 담고 있는

불연기연 장이지.
不然 其然
짜잔

기연과 불연이라는 단어를 사용해서 어렵게 느껴지지만 쉬운 내용이니깐 그리 긴장할 필요는 없어.
끄응
사전

기연(其然)이란
其然

'그러하다' 고 눈으로 살필 수 있고,
음! 그렇군!

보지 못하더라도 생각하거나 추론해서 알 수 있는 모든 것이지.
아항~

그와 반대로 불연(不然)이란
不然

알 수 없어 '그렇지 않다.' 고 생각하는 것을 말해.
이건 모르겠다.
탁

천지자연을 예로 들어 볼게.

눈으로 보고 귀로 들을 수 있는 자연의 겉모습에 관한 것은 '기연' 이 되는 거야.
깜박

파란색.
척
'하늘은 파랗다.' 라는 것은 눈으로 보고 이해한 것이니까 '기연' 이 되지.

'하늘은 높이 있으니까 온도가 낮다.' 는 것은 추론할 수 있는 사실이니까 역시 '기연' 이 되는 거야.
헉… 너무 높이 올라왔더니 얼어 버렸다.
꽁!!

하지만 '하늘에는 한울님이 있다.' 는 것은 알 수 없고,
도대체 어디 있는 거지.

추론할 수도 없으니 '불연' 이 되는 것이지.
아~ 모르겠네.

어때? 이제 기연과 불연의 의미를
알 수 있겠지?
쪼금
하!

그럼 한번 물어볼게.

하늘은
파랗니?
하늘은
춥니?
하늘에는
한울님이
있니?
여러분들은
어떤 답을
할까?
사사삭

대부분 '예스, 예스, 노'
라고 하지 않을까?
나랑
같네.

여러분은 과학과 상식에 기대어
확실한 정답을 말했다고
생각하지?
음…
정확해.
수군
수군
과학
상식

하지만 그것은 어찌 보면 속단이고
이분법적 사고에 지나지
않을 수 있지.
Yes
아니면
No지!
쌩
이분법적
사고

어떻게 아는 것만 '예스'고 모르는
것은 '노'라고 말할 수 있지?
어떻게
알았지?
뜨끔

'노'도 '예스'가 될 수
있다는 열린 사고가
필요해.
NO
Yes

이처럼 최제우의 동학에서는 기연과
불연을 통해 천지자연은 공존하는
세계라고 말하고 있어.

무엇이 맞고, 무엇이 틀린지 확언할 수
없는 것 또한 진리라고 보는 거야.
진리
쾅
쾅
쾅
어떤 것도
확언할 수 없다.

이분법과 양극단이 아니라 기연과
불연의 조화,
조화
양극단
기연
불연

즉 중도의 인식론이라고
할 수 있는 거지.
中道
기연
불연

인간이 모든 것을 알 수 있고 추론할 수 있다는 것은 자칫 거만해지는 잘못을 초래할 수 있어.
하 하
우리들은 모르는 게 없지.

인간의 감각에는 한계가 있고, 생명의 근원을 따져 알기에는 아직 역부족이라는 것을 받아들여야 한다고.
우리는 어디에서 왔는가….

꼭 종교적 측면에서만 그런 것은 아니야.

이 그림을 좀 봐.
눈에 힘을 빼고 아무 생각 없이 멍하게 보면 더욱 좋지.

이 둥근 원 안에 있는 것이 소용돌이치며 돌아가는 게 보이지?
아~ 돈다.
빙글
빙글

일정한 방향으로 소용돌이가 되어 움직이는 것 말이야.

진짜 움직이는 걸까?
움직이지 않는 걸까?

이런 착시현상은 인간의 뇌가 시신경의 자료를 잘못 분석해서 일어나는 현상이지.
돈다~.
톡! 톡!
헉! 자료가 잘못됐다. 정신 차려! 정신!

이렇게 아무리 시력이 좋은 사람이라고 하더라도 눈을 부릅뜨고 봐도 움직일 리가 없는데 움직이는 것처럼 보이는 것이지.
알 수가 없네.
나 시력 좋은데

그렇다면 무엇이 진실이고 무엇이 그른 것이라고 할 수 있니?
진실
거짓

움직이는 것처럼 보이니
움직인다고 봐야 해?
그건
아닌 것
같은데.

아니면 실제로는 움직이지 않는 것이니
움직이지 않는다고 봐야 하니?
그것도
아닌 것…
같은데.

아~
복잡해!
엉엉
안움직인다
움직인다
안움직인다
움직인다
움직인다

이처럼 움직인다, 움직이지 않는다는 반대의 논리이지만
둘다 맞는
말이야.
톡! 톡!
정말요.
둘 다 맞는 말이
될 수 있다는 사고를
받아 들여야 하지.

인간의 뇌가 속는 게 과연 착시현상뿐
이겠어?
뚝!
그럼
또 뭐가
있어요?

합리적이고 과학적인 증명을
좋아하는 사람들은

명확하고 딱 들어맞는 정답만을
인정하고 싶겠지만,
1+1=2
쾅
이것만
정답이야.
인정

현대 과학으로도 풀어 낼 수 없는
불연의 세계가 엄연히 존재함을 알아야
해.
설명할
수 없는 세계가
있으니.

이처럼 인간이 알 수 없는 영역에 대한 과학적 수용이
바로 '카오스 이론' 이야.
헷갈리잖아!
혼돈이야!
혼돈…
카오스!
panic
탁!

카오스 이론(혼돈이론): 겉으로
보기에는 불안정하고 불규칙적
으로 보이나 나름대로
질서와 규칙성을 지니고 있는
현상을 설명하는 이론.

서양의 유명한 철학자
아리스토텔레스도
아리스토텔레스

형이상학을 말할 때나 윤리학을 말할 때
애매함과 불명확성을 받아들여야 한다고
했고,
눈으로 볼수 없는 것의 개념을 말할 땐 이들과 함께 해야 합니다.
불명확성
애매함

근대철학을 집대성한
임마누엘
칸트도
임마누엘 칸트

정반합(正反合)이라는 긍정과 부정을 결합하는 변증법과 논증으로
설명할 수 없는 영역의 직관주의를
강조했으니
A와 B의 반대되는 의견이 있으면 C의 의견으로 3개를 통합 해버리는 것!
이게 바로 정반합 변증법.
A
B
C

기연과 불연의 역사는 매우 오래된 것이라고
할 수 있지.
나름대로 역사가 깊구나~
기연
불연

이것을 우리나라에서는 바로
최제우의 《동경대전》에서 분명하게
짚고 넘어간 것이라고 봐야 하지.
동경대전
기연
불연

이러한 인식은 현대 문명의 문제점과
생명현상을 이해하는 데 다시
재조명되고 있어서

시인 '김지하' 나 만능지식인
'도올 김용옥' 등도 천도교에
심취해 있다고 해.
도올 김용옥
김지하

현대철학 용어로도 손색이 없는 국산
토종어인 '기연과 불연' 이 자랑스러운
순간이지.
아우~
부끄러워
기연
불연

그럼 이제부터 기연불연에
대해 한번 알아볼까?

다같이 빠져보자고!

옛 노래에 이런 구절이 있어.
톡 톡

우주의 만물은 각기 이루어진 특성이 있고, 그 특성에 따른 모양을 지니고 있구나!

만물의 모양을 우리가 그저 눈으로 바라보고 이를 논한다면
파란 하늘 이쁘지?
응!

'그렇지, 암 그렇지.' 하고 고개를 끄덕이겠지?
끄덕 끄덕

하지만 '그 만물이 어디에서 왔는가?' 하는 근원적인 문제를 물어 보면
근데 하늘과 구름은 누가 만들었어?

'모르지, 아니지, 그건 아니지.' 하며 고개를 절래절래 흔들 거란 말이야.

그러므로 만물의 근원을 헤아린다는 것은 아득하게 먼 일이요,
중력에 공기가 끌려와서 어쩌구~ 저쩌구~

헤아리기 어려운 일이지.
…
날씨 좋지?

고대 그리스 아폴론 신전에도 '너 자신을 알라.' 라고 적혀 있다지?
너 자신을 알라~

그러니 우리 인간에 대해서 좀 알아보자고.

'우리 인간은 어디서 왔을까?' 라는 인간 본원에 대한 질문을 던져 볼까?
우주?
엄마 뱃속?
집?
지구?

'나' 라는 이 생명체가 어디에서부터 태어나게 되었는가를 생각하면

아마 '부모에게서 나왔다.' 라고 할 거야.
아이고, 무거워.

또 나의 자손을 생각하면 미래의 사람은 나한테서 나온다는 것을 알지.

앞으로의 세상도 결국 나의 부모가 나를 세상에 태어나게 한 것처럼 내가 부모가 되어 태어날 사람이라는 걸 예상할 수 있지.
우리 딸!
엄마!

하지만 그 질문을 한참 거슬러 올라가 물어 보면
인류 최초의 사람은 어떻게 해서 사람이 되었는가?
헉 헉

'그것은 알 수 없다.' 고 밖에 대답할 수 없지.
?

진화론이다 창조론이다 아직도 분분한 논쟁거리가 되고 있지.
창조설
진화론
?

작은 미생물이 진화에 진화를 거듭하여 단순한 생명체가 복잡한 생명체로 진화했다는 《종의 기원》을 쓴 찰스 다윈도 많은 비난을 받았다고 하니깐 말이야.
신에 대한 모독이야.
말도 안돼
이론에 헛점이 많아.
ㅋㅋ
증거가 부족하잖아!
내 후손들이 진화론을 더욱 보강하고 있다고. 흑.
진화론

과학자들이 진화론을 주장하기도 했지만 아직까지도 화석 증거가 불충분하고,
두 화석 사이에 들어갈 발견되지 않은 화석을 '잃어버린 고리' 라고 하지.

논리적으로는 이해되지 않는 부분 (우연과 돌연변이 등)이 많이 있다고 하니깐
진화론은 과학이론이기 때문에 틀린 부분을 계속 고쳐나가며 발전합니다.
진화론
진행형이죠.

이러한 문제는 매우 어려운 문제지.
어떻게 최초의 인간이 나왔는가?
우리도 알고 싶다.

한참을 헤아려 보니까 깨달을 수 있었어.

현상으로 나타나서 우리가 눈으로 본다거나, 또 생각하여 수긍할 수 있는 사실들로 미루어 보면

만유인력의 법칙을 발견 했다!
세상의 만사가 모두 그렇고 그러하다는 것(기연)을 알 수 있지만

인간은 그 최초에 어디에서 왔으며 만물은 어떻게 생겨났는가 하는 우리가 알 수 없는 근원의 문제를 가지고 미루어 생각하면

세상만사가 모두 알 수 없는 것이 되고 그럴 리가 없는 것(불연)이 돼버리는 것이라는 걸 말이야.

어찌하여 이렇게 된 것이지?

나야 모르죠.

먼 옛날 인류 최초의 사람이란 결국 최초로 생겨난 사람이니 부모도 없이 이 세상에 태어난 것 아니겠어?

최초의 조상님이 부모도 없이 뿅하고 나왔으니~
그러니 사람이 사람을 낳고 또 그게 이어져서
사람이 사람을 낳아왔다는 말 자체가 거짓말이 되는 셈이지.
인류가 이어져 나왔다는 그것은 '불연' 이라고 말할 수밖에 없지.

하지만 이 세상에 누가 부모 없이 태어나는 사람이 있겠어?

우리의 조상을 살펴보면 위의 할아버지가 다음 할아버지를 낳아 인류가 계승되어 내려 온 것이니,

그러하고
그러하며
그러하기
때문에
기연
기연이라고 할 수 있지.

어디 그것
뿐인가?

세상이 이룩되어 올바른 질서로써 다스리고 교화하기 위하여 임금도 필요하고 스승도 필요한 것이지.

임금은 법(法)으로 다스려야 하고, 스승은 예(禮)로써 가르치는 것이지.
法
왕의기술
禮

그런데 인류 최초의 임금은 이전의 임금이 없었으니 세상을 다스릴 법을 어디에서 받았던 걸까?
1
2

인류 최초의 스승은 이전의 스승이 없었으니 세상을 가르칠 예와 의를 어디에서 본받았을까?
이분이 제 스승이십니다.
이분이 제 스승이십니다.
이분이야 말로 제 스승이십니다.
이분이 제….
응?

인류 최초의 임금이나 스승이 법이나 예의를 물려받은 임금이나 스승도 없었지만
우리가 최초….
우리가 처음이지.

세상에 법의 강령을 반포하고 가르침을 펼친 것은 엄연한 사실이란 말이지.
나는 지금 이 카드를 쓰겠다! 법! 예절!
法
법
禮
예

알지 못할 일이야, 알지 못할 일이라고.
콰
광

태어나자마자 저절로 모든 것을 알고 그렇게 되었던 것일까?
아빠 '법' 에 대해 알아?
응?

아무리 생이지지(生而知之)의 성인이라고 하더라도 왠지 마음이 석연치 않고,
나는 처음부터 모든 걸 알고 태어났어.

무위이화(無爲而化)라고 하더라도 그 이치를 설명하기에는 아득하고 아득하여 손에 잡히지가 않지.
어떻게 '성인' 이 되셨나요?
아무것도 하지 않고 있었는데
그냥 되더군요.

이렇게 모순된 사실은 결국
알지 못하는 '불연'이 되지.
불연
모순
교체중

따라서 사람들은 이 불연을 알 수
없다고 말할 수밖에.
알 수 없고
그럴 리 없다.

하지만 마음으로 부정할 것이 아니라
천지 만물을 주관하는 한울님이 인간
세상에 내려 주신 것을
알아야 해.

불연이라고 생각했던 것도 한울님께서 천지만물의 조화 가운데
만들어 주셨다는 사실을 받아들이면 그러하다는
기연으로 바뀌는 것이지.

천지만물이 형성된 근본 원리는 크나큰
한울님의 무극대도에 의한 것이기
때문에 매우 크고 멀지.
이만큼!
얼마나
큰데요?

이에 천지 만물의 겉모습을 헤아려 보고 또 만물이
형성된 무형의 근원 원리를 따져 보면

만물의 존재와 만물의 형성
원인이 크고 아득하여 알 수
없는 것이 되지.

이 세상의 사람들이
이것을 어찌 알겠어.

이제 다시 하늘의
이치가 밝아 지난
과거의 시대는
가고,
과거

새로운 시대가
열렸는데 이를
아는가?
새
시대

이를 개벽(開闢)이라고 할 수
있지.

개벽

내가 말한 이 개벽사상이 요즘
너희들의 시대에서는
개벽

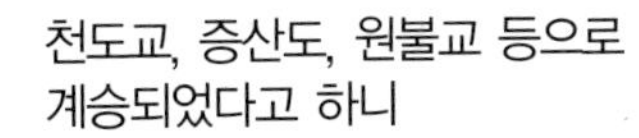
천도교, 증산도, 원불교 등으로
계승되었다고 하니

동학
원불교
증산도
천도교

다 나에게서 나간
것이라고 할 수
있지.
기특해.

개벽이란
開闢

지난 시대가 닫히고 새로운 세상을 여는
천운이 도래한다는 것이지.
과거
天運
미래

어찌 저절로 하늘이 열리고 닫혔다 하는
것인지 궁금하다고?
장난
하지 마.
天運

예나 지금이나 천도의 이치는
변하지 않는 법이지.
天運
天道

그런데 어찌 운이라 하고
회복되었다고 하느냐고?
그것이 궁금하다고?
天運

알쏭달쏭하다면
자세히 말해 줄게.
天運

하물며 이 세상 사람들이여. 어찌 알지 못하는가, 어찌 알지 못하는가.
수가 정해진 지 몇 해런고. 운이 스스로 와서 회복되도다.
고금에 변함이 없음이여. 어찌 운이라 이르고 어찌 회복되었다고
이르리오. 헤아리고 밝히고 기록하여 거울 삼게 하노라.
-《동경대전》 중 '불연기연'
天運

천도의 이치가 변하지 않는다는 것은 고정되어 있다는 뜻이 아니라,

만물에 작용하는 영고성쇠가 변하지 않고 흐른다는 이치를 의미하지.
모양은 바뀌어도
天運
'본질' 은 그대로야.

만물에는 흥망성쇠(興亡盛衰)가 있어 흥했던 것이 망하고 성장했던 것이 쇠약해지는 법이야.
흥부야, 나 완전히 거지됐다. 우왕~
형님, 흥할 때도 있지만 망할 때도 있다잖아요.
전 만날 거지지만….

세상 사람들이 이를 모르고 있으니 세상의 흐름에 눈을 뜨고 새로운 세상을 기다려야 해!
망하기야 하겠어.
그동안 잘 살아왔는데 뭘.
오늘도 행복했으니 내일도 행복하겠지.
나라도 그때를 대비해서 두 눈 부릅뜨고 있어야겠다.
쯧쯧, 흥했던 것은 망하는 게 순리인데

에이~ 그런 게 어디 있어요?
아직도 이해 안 가는 친구들은 이렇게 말하겠지?

좋아, 자기 자신이 무엇을 모르는지 모르면 도를 깨우칠 수 없으니 내가 예를 들어 설명해 줄게.
덥석

'너 자신을 알라.' 도 자신이 무엇을 모르는지 먼저 알아야 한다는 뜻이야.
그래도 모르는데….

성적표만은… 제발.
그렇기 위해서는 자신이 얼마나 무지한지 성적표를 만들어 공개해 주겠어.

여섯 개의 문제를 낼 테니 도전해 봐.
객관식 정도야.
으쓱

공포의 주관식, 골든 벨 퀴즈라고 생각해도 좋아.
주관식

문제 시작.
딸랑
딸랑

① 봄, 여름, 가을, 겨울의 사계절에 일정한 순서가 있어 조금의 어긋남도 없이 바뀌고 바뀌는데, 이유가 뭘까?
② 갓 태어난 아이는 말은 못해도 자기 부모는 알아보는데 그 이유가 뭘까?
③ 중국의 황하 강은 천 년에 한번 맑아진다는데 그 이유는 뭘까? 옛말에 성인이 세상에 태어날 때 맑아진다고 하는데 그 말은 맞는 걸까?
④ 밭가는 소는 농부의 말을 알아듣고 농부가 부리는 대로 일을 하지. 인간의 마음을 읽는 것 같은 이 소는 어찌 훨씬 힘이 센데도 인간에게 한 번도 대항하지 않는 걸까?
⑤ 까마귀와 같은 미물도 어린 시절 어미가 먹이를 날라 주던 것과 같이 늙어서 자신의 어미에게 먹이를 물어 준다는데 그것은 효를 알고 행하는 걸까?
⑥ 봄이 되면 겨우내 강남 갔다 돌아온 제비가 한결같이 주인의 집으로 날아오는데, 그 주인의 집이 아무리 보잘 것 없고 가난해도 역시 돌아오니 그것은 왜 그런 걸까?

어때?

정답을 알겠어?
엉엉
하나도 못 풀었어요.

정답은 나중에 알려 줄게.
다행이다.
성적표는 주지 않을게.

하지만 고개를 갸웃갸웃 하며 선뜻 대답할 수 없는 게 이상한 일은 아냐.
나만 그런 줄 알았네.
휴

인간의 논리나 추론으로는 도저히 알 수 없는 자연의 이치가 많다는 거지.
도저히 모르겠다.

인정!

그 많은 부분이 다
우연이라고 생각하는
것은 아니겠지?

우연이
아니면
뭘까나?
노,
놀랐다.

6개의 문제에서
정답은….
쓱쓱

다 똑같이 '한울님의 섭리 때문'인 거야.
한울님의
섭리
번쩍

정답이 한 가지
였다니….

우리들이 아무리 따져 보아도 알 수 없는 자연의 법칙 모든 것이
기운 내.
하하

다 한울님의 다스림
때문이지.
에헴

세상의 모든 것은 한울님의 섭리에 의하여
이룩되고 또 진행되는 것인데

그 이치를 세상의 사람들은
모른다고,

알 수 없는 것, 그럴 리 없다고 하니
보이지도
않고
들리지도
않는데
한울님이
계신지
어떻게
아냐!!

이것이
안타까워.
에휴

많은 사람들이 알게
될 거예요.
그래?

이런 까닭으로 어려운 것은 불연이요, 판단하기 쉬운 것은 기연이다. 먼 데를 캐어 견주어 생각하면 그렇지 않고 그렇지 않고 또 그렇지 않은 일이오, 조물자에 부쳐 보면 그렇고 또 그러한 이치이니라. - 불연기연

아버지의 아버지는 할아버지이고,

할아버지는 또 그 위의 할아버지께서 낳으시고 하는 식으로

우리의 일반적인 상식으로 알 수 있는 것도 있고,
와하하! 이 정도는 '상식' 이지.

최초의 할아버지의 일인 아주 먼 옛날의 시원을 이루는 것을 살펴보면 알 수 없는 것도 있다고 했지.
?

그렇게 나누어 보면 기연과 불연은 긍정과 부정으로 나누어지지만
기연
불연

한울님의 섭리임을 알게 되면

우리 최초의 할아버지가 곧 한울님의 생명을 받아 태어났다는 것을 알게 되니,

불연도 기연으로 전환되는 거야.
기연
기연
불연

제12장
탄 도유심급(嘆道儒心急)
- 조급한 마음에 괴로워 하지 마라.
믿음
의심
조급
원망
불안
초조

도를 닦기로 하고 수련에 들어간 사람의 마음은 어떨까?

천도를 믿기로 해 수련이 중요하다고 생각하고

심성을 열심히 닦고 있는 도인이 있다고 해 보자고.

열심
열심

1년이 지나고 2년이 지나도 한울님의 감응은 나타나지 않고,

건성
건성

현실에서도 변화가 없고, 오히려 주변 사람들에게 손가락질당하는 신세가 되었다고 한다면 …

아마 원망하는 마음이 싹트게 될 거야.

원망

도대체 한울님의 도는 왜 빨리 이루어 지지 않는 거야?
왜? 왜? 왜?
하며 속상해할 거야.

그래서 최제우는

이렇게 답답해하고 조급해하는 수도자가 가져야 하는 마음가짐과 목표에 대해서 가르침을 주고자 했어.
다함께 가자.
마음가짐
목표

당시 조선 후기의 민중들은 굶주리고 학대받고 있었기 때문에

하루빨리 고통에서 벗어나기를 소원했지.

평화로운 시대가 새롭게 펼쳐져 편안하게 살게 되는 날을 기다렸던 거야.
아~ 이게 꿈이냐 생시냐.

특히 최제우는 병든 이 세상이 개벽되어 곧 새로운 세상이 온다고 했는데
언제 와? 콜록! 콜록!
곧 옵니다.
병든세상…

눈앞에 보이는 변화는 없으니 많은 실망이 있었겠지.
아… 보이지 않아.

그래서 이런 생각을 하는 사람들에게 경계의 말을 담은
자, 받으시오.

《탄 도유심급》의 글을 지었어.
탄도유심급
지은이 최제우

오~

《탄 도유심급》이란

歎道儒心急

도인이나 공부하는 자들의 마음이 조급해지는 것을 경계하고 우려한다는 뜻이지.
딱! 나네….

한 사회가 다른 사회로 교체되려면 수백 년에서 수천 년이 걸리는 법이지.
아이고~ 멀다.
현재
수백년
천년

바다는… 어디 있어?
산을 하나 넘었다고 바로 바다가 펼쳐지는 게 아니라

산을 넘으면 다시 산이고,
끝이 없지만

물을 건너면 다시 물이 나오기도 하는 거야.
헉!

산 넘고 물 건너기를 몇 번이고 되풀이 해야 비로소 넓은 바다를 만날 수 있지.
아… 바다다.

이처럼 도를 닦는 사람들은 마음을 조급히 여기지 말고 때가 오기를 기다려야 해.
안절
때… 때를 기다려야 해.
부절

천지조화는 천운에 의해 이루어진다고 했잖아.
그럼 뭘해야 하지?

그렇다고 아무것도 힘쓰지 않고 저절로 이루어지기를 바라지 말고,
에고…
뜨끔

마음을 수련하고 깨끗한 마음을 되찾는 꾸준한 수련을 통하여 기다린다면
깨끗한 마음

한울님이 만들어 놓으신 역사적인 시기를 만날 수 있어.
좀만 더 기다려~

산을 넘지도 않고, 물을 건너지도 않고 바다를 보려고 하면 안 되겠지?
네.

어려움을 딛고 꾸준히 개척해 나가는 동안 천운에 의한 새로운 시대는 반드시 열린다고 믿어야 해.
반드시 새로운 시대가 열릴 것이야.
어려움

믿음

공부를 하거나 학문을 닦는 것도 다 이 같은 이치야.
오잉~

시험공부를 열심히 했다고 해서 중간고사나 기말고사 성적이 쑥쑥 오르는 것은 아니잖아.
성적표 50등
왜 성적이 안 올라?

꼴찌가 공부하기로 마음먹었다고 해서 금방 1등이 되나?
아… 그렇긴 해.

공부라고 하는 멀고 먼 산을 넘고, 또 넘어야 하는 거지.
공부
공부
공부
공부
공부
공부

그런데 공부를 시작한 사람은 즉시 성적이 좋아지지 않으면 우울해하고 포기하고 싶어지지.
난 공부에 소질이 없나 봐.
탁!

그럴 때 바로 이 글을 떠올려 봐.
열공

눈앞에 보이는 상황에 들뜨거나 좌절하지 말고 꾸준히 노력하고 부지런히 행한다면 반드시 좋은 결과가 오게 마련이야.
헉!
노력
부지런

이것이 공부의 진리이기도 하니까 믿고 따라 봐.
따라 봐.
공부의 진리

그럼 최제우의 설명을 들어 볼까?
슝

그럼…
에헴!

우주를 움직이는 거대한 기운은

인간 세상에 펼쳐져 천도라는 하나의 원리로 돌아가게 마련이야.
天道

천도는 이 우주가 생성되기 전부터 존재했던 것으로 말할 수 없이 깊은 것이고,
天道

이 우주의 모든 섭리를 담고 있는 것이기 때문에

그 이치는 말할 수 없이 넓고 크지.

하지만 중요한 것은 조금도 흔들리지 않는 마음의 심지*야.

휭~잉
버티겠어.

*심지(心志)-마음이 품은 의지.

즉 굳건한 믿음의 마음을 지킬 수 있어야 영원불변의 진리인 도를 느낄 수 있는 거지.
함께라서 외롭지 않아.

한울님을 공경하는 마음을 변함없이 가지고 있어야
척!
공경하는 마음

세상의 모든 일이 한울님의 뜻대로 올바르게 될 수 있어.

흐린 기운을 쓸어 없애고 맑은 기운을 어린 아이 기르듯 하라.
마음이 지극할 뿐만 아니라, 오직 마음을 바르게
하는 데에 있다. 은은한 총명은 자연히 화하여 나오고,
앞으로 오게 되는 온갖 일들은 한 이치에 모두 함께 돌아가리라.
다른 사람의 적은 허물을 내 마음에 논하지 말고,
나의 적은 지혜를 다른 사람들에게 베풀라.
-탄 도유심급

그러기 위해서는 내 안에 있는 흐린 기운을 모두 쓸어 없애고 맑은 기운을 기르되,

마치 어린 아이를 감싸 안고 기르듯,

조심조심 정성을 다하며 길러야 해.

수련을 한다는 것은 한울님에 대한 마음을 극진히 하는 것보다 더욱 중요한 게

바로 스스로 마음을 바르게 하는 것이야.

맑은 기운을 키우고 마음을 바르게 하면 은은하게 총명스러움이 자연스럽게 저절로 나와.

또 세상의 모든 일들은 한울님의 이치에 의해 모두 돌아오게 될 것이니,
휘익
세상의 모든 일들은 돌아오는 거야.

수도하는 사람은 이 이치에 의해 모두 똑같은 마음을 지니고 있어야 해.

도가 무엇인지
알려면

먼저 심주*가
굳건해야 해.
톡!톡!
마음의 기둥

건성으로 하거나 진심으로 원하지
않는다면 도의 참 맛을 느낄 수 없어.
으~
굿~.

*심주(心柱) – 마음의 중심.

그리고 나서 또 중요한 것은
목표를 정하는 일이야.
목표

도를 닦는 사람들은 도를 깨닫고
모든 일이 뜻대로 이루어지도록
목표를 정하지.

어떠한 일이 있더라도 기필코 도를
이루겠다고 마음을 굳게 정하고
지극한 정성으로
닦으면

그때서야 비로소
도의 참된 맛을
알 수 있어.
음~

한 번 굳게 정한 마음을 중간에 흔들리게
하거나 중단하려는 생각이 있으면 절대
안 돼.
아…
어쩌나?
삐~
도 닦는
걸 그만둘까?

공부를 하거나 사업을 하거나
하더라도 다 똑같은 이치지.
사장실
정말
인가요?

초심으로
돌아가라.
'늘 처음처럼' 이란
말을 가슴에 떠올리
면 될 거야.
늘 처음처럼

굳은 마음으로 한결같이
한울님을 생각하고 위한다면

한울님이 감응하시어 모든
일을 뜻대로 이룰 수
있게 해 줄 거야.

다음으로 수도 하는 사람이 지켜야 할 것은

마음속으로라도 다른 사람의 작은 허물을 생각하지 말라는 거야.

왜요?

오히려 자신의 적은 지혜라도 다른 사람에게 베풀려고 해야지. 큰 도를 닦는 사람이 작고 하찮은 일에 매달린다면 되겠어?
자~ 받으시오.
에잇! 저리 가.
지혜
하찮은 일
감사해요~

남의 큰 허물을 말하지 말아야 함은 당연하고,

비록 작은 허물이라도 말해서는 안 될 것이며
퍽 퍽

마음으로도 논란하거나 생각을 해서도 안 돼.

아~ 그렇군요.

보통 사람들은 대개 남의 흉보기를 좋아하고 잘못한 점을 말하기를 좋아하지?
너무 바보 같지. ㅋㅋ
말하는 건 또 얼마나 이상한데….
나 흉보는 거 같은데.

그러면서도 남에게 베풀 줄 몰라.
나 혼자 다 먹어야지.
나도….
너 줄 거 없거든.

맞는 말씀입니다.
흥~

완벽해.
한울님이 사람을 이루어 놓으시고,

사람의 몸속을 통해 계시니 사람의 잘못을 말하는 것은
저 여자는 아까….

곧 한울님더러 잘못했다고 하는 것 아니겠어?
이 먹보! 돼지!

같은 이치로 사람을 돕는 것이 곧 한울님을 돕는 것임을 명심해.
같이 먹자.
와~

OK.

집에서 기르는 가축을 보더라도 자기를 학대하는 사람은 피하고,
너 이리 안 와~
도망 가자.

반대로 귀엽게 여기고 먹이를 주는 사람을 잘 따르는 법이야.
손!
아~ 행복해.
아이 착해~

하물며 만물의 영장인 사람들이 자기를 멀리하고 미워하며 흉이나 보고 잘못했다고 비방이나 하는 사람들을 좋아하고 따르겠어?
피하자.

모든 일은 사람과 사람 사이에서 이루어지는 것이니

도를 닦는 사람들은 깊이깊이 생각해서

모든 사람들을 한울님과 같이 섬기고 대해야 해.
꾸벅

이렇게 천도를
닦기로 하였으니
큰일을 하고
있는 것
아니겠어?

히히
히히

큰 일을 위해서는 커다란 한 가지 마음에 모든 에너지를 집중해야 해.

작고 하찮은 일에 매달리지 말고 말이야.
넌 필요없다.
휙
하찮은 일

한울님께 정성을 드리는 목적은 여러 가지가 있어.
어떤?

예를 들면,

국가와 인류를 위하는 큰일을 위한 것도 있고,
큰 일

작은 일을 이루기 위한 것도 있고,
아~

개인의 사사로운 일을 이루게 해달라고 기도를 드릴 수도 있지.
공부 좀 잘하게 해주시고… 다이어트에 성공할 수 있게….

사람들은 대개 다 작은 일에 정성을 드리고 있어.
내일 시험 잘 보게 해 주세요.
고백하게 용기 좀 주세요.
돈 좀 많이 벌게 해 주세요.

큰 뜻을 가지고 큰 일을 하려는 사람은 큰 일을 위해서 정성을 드릴 뿐 작은 일에 정성을 드리지 않는 법이야.
나도 좀 신경 써 주면 안 될까?
미안… 하나에만 집중해야 돼.
톡 톡!
작은일

비록 작은 일이라고 하더라도 진심으로 정성이 지극하지 못하면
하루해 놓고 뭐….
에잇… 다이어트고 뭐고 안 할래~
한울님이 감응하시지 않고,

아무리 큰일이라고 하더라도 지극한 정성으로 자기가 할 바를 다하게 되면
한울님이 감응하시어 모든 일을 뜻대로 이룰 수 있게 해주지.

그러면 작은 일들은 저절로 이루어지지 않겠어?
아~

이번 시험을 잘 보게 해주세요.
이렇게 빌지 말고

지혜로운 사람이 되게 해주세요.
이렇게 빌면 된다는 거야.

물론 사사롭게 개인을 위해 빌지 말고, 민족과 인류를 위해 빌어야 한다는 말씀이지만 말이야.

이왕이면 이런 건 어떨까?

우리나라에 인재가 많아지게 해 주세요.
호호
호호

큰일에 목적을 두고 정성을 드리면 매사에 자기가 할 수 있는 최선을 다해 노력하게 될 것이니
어려운 사람이나, 아픈 사람… 그러려면….
열심히 공부 해야지!
사람들을 돕고 싶어.

작은 일들은 자연스럽게 도움을 받아 자기도 모르는 사이에 이루어지게 되는 거야.
아~ 나 1등했어.
감동
100

그릇 크기에 따라서 담을 수 있는 게 달라지는 것과 같은 이치야.

작은 그릇에는 얼마 담지 못하고 큰 그릇에는 많이 담을 수 있지?

그 사람이 가지고 있는 포부와 마음에 따라서 모든 일을 해낼 수 있어.
함께라면 두려울 것이 없다.
든든
포부

난 아무 것도 할 줄 모르는 바보 같은 존재야.
라고 생각하는 사람은

작은 것이라도 이루어 낼 수 없어.
난 못하겠어.

하지만
나는 할 수 있다, 내가 훌륭한 사람이 되어서 큰일을 해야겠다.
이렇게 생각하는 사람은

마음을 크게 정하고 열심히 노력하고 지극한 정성으로 도를 닦으면
하면 된다
큰 사람이 되길!
필승

그 사람은 반드시 큰일을 할 수 있는 지혜와 힘이 나오지.
우리가 함께 해 줄게.
지혜
힘

이처럼 모든 것은 마음의 그릇이 정한 그대로 되는 법이야.

하지만 언제라도 생각해야 할 것은 어떤 일을 목적하고 있을 때,

목표한 그대로 이루어지는 명확한 변화가 드러나지 않는다고 하더라도 마음을 조급하게 가지거나 초조하게 생각하지 말아야 한다는 거야.
목표
휴지통

그러면서 열심히 추진해 나아가게 되면 어느 시기에 가서는 천운에 의해서 반드시 성공을 이루게 될 것이니,
성공
천운

앞으로 모든 일이 성공적으로 잘 이루어 질 수 있는 좋은 인연과 결실을 맺을 수 있을 거야.
우리 같이 성공을 향해 갑시다.

마음이란 본래 모양도 없고 보이지도 않는 것이기 때문에
도대체 어디 있다는 거야?

마치 없는 것처럼 느껴지지.

하지만 사람은 몸으로 움직이는 것이 아니라 마음으로 모든 것을 움직이고,
내 이상형~

생각한 그대로 모든 일을 이루는 법이야.
다 내 덕이라구.

그렇게도 중요한 마음이라는 것이 형체가 없으니
난 투명인간.

마음으로 갖고 싶은 물건을 만져 보거나,
안돼! 참아야지. 저건 사치야.
신제품

남을 미워하고 마음 속으로 괴롭힌다고 하더라도 겉으로는 흔적이 남지 않지?
안녕~
꺼져!

이렇게 마음으로 생각하는 것은 누구도 모르니
오빠는 정말 착하고 친절해요.
웃기고들 있네.

사람들은 '마음먹기'를 다 제멋대로 하기 쉽지.

마음이 만약 육체와 물질에 치우쳐 있어서
아~ 둘 다 마음에 들어.
육체
물질

물욕과 희노애락에 휩싸여 있다면
노
애
희
락

한울님의 덕을 깨닫지 못해.
에이~ 그런 거 몰라.
왜 나만 어지럽지.

한울님의 덕에 힘입어 인간으로 태어나 살고 있으면서도 한울님의 덕을 모르게 되는 거지.

그러니 오랫동안 마음을 닦아서,

맑고 깨끗하게 만든 다음에 비로소 한울님의 덕을 알아야 해.
짜잔
이제 알아보러 가자고.

이제 정리해 볼까?

이렇게 노력하고 수련해서 우리가 도를 깨닫고 이루게 된다고 하더라도 이것은 모두 한울님 덕에 의한 것이지 결코 다른 사람에 의해 되는 건 아냐.
고마워요, 한울님.
아~ 쑥스러워~

또한 도를 이룬다고 해도 한울님을 믿은 것에 있는 것이지 결코 공부한 것에 따른 것도 아니지.
진작 말해주지 그랬어요.

그러므로 아무리 공부를 많이 했다고 하더라도 믿음이 없으면 한울님의 덕을 알지 못해.
척!
믿음

믿음
반대로 비록 공부를 못했다고 하더라도 마음으로 지극하게 믿고 닦으면 한울님의 덕을 알 수 있는 거야.

사람은 한울님의 이치에
의해 생겼고

한울님의 이치 속에서 사는
것이니,

한울님과 멀리 떨어져 사는 것이 아니라 한울님과
하나가 되어 항상 한울님을 모시고 살고 있는 거야.

그러므로 내 마음을 닦고
정성으로 사물과 사람을
대하면
정성
사물
사람

그것이 곧 한울님의 덕이 실행되는
것이지.
실행 하시겠습니까?
yes
no
딸깍

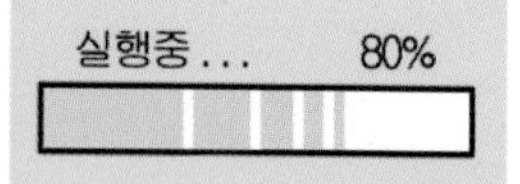
실행중 . . .
80%

그러니 도는 가까운 내 몸에서
이루어지는 것이지,

내 몸을 떠나 다른 먼 곳
에서 이루는 게 아니야.
道

이 모든 일은 정성을 드려야
이루어지는 것이고,
정성

원한다고 해서
다 이루어지는
것도 아니니

힘들고 어려울 수밖에.
힘들어.
어려워.
털썩!

그래도
기운냅시다.

만물이 생기기 이전(불연)이나 만물이 생긴 이후(기연)나 그 이치에 있어서는 서로 같은 거야.
불연
기연

불연이 기연이 되는 거지.
기연
불연

모든 일은 다 한울님이 하시는 것이므로 사람의 입장에서 본다면
어떻게 생각하는가?

불연과 기연이 있지만 한울님이 하신 것이라고 생각하고 한울님에게로 돌려서 생각해 본다면
그러한 것도 있고 그렇지 않은 것도 있다고 봐요.
음…

모두가 다 기연이 되는 거야.

먼 것 같으나 멀지 않다고 말해도 알겠지?

사람이 한울님을 모시고 있고 모든 일을 함께 하고 있으니 먼 것이 아니라 가까운 거야.
오!

그러므로 모든 만물을 아우르는 근본 이치를 밝힌 천도도 멀리 있어 아득해 보여도
天道

결코 멀리 있는 게 아니라 우리 삶 그 자체인 거야.

그러니 어렵게 생각하지 말고 바로 여러분 삶 속에 천도가 있다는 것을 잊지 말아줘.

절대 잊지 않을게요.

유학
근암공
와~~
동경대전

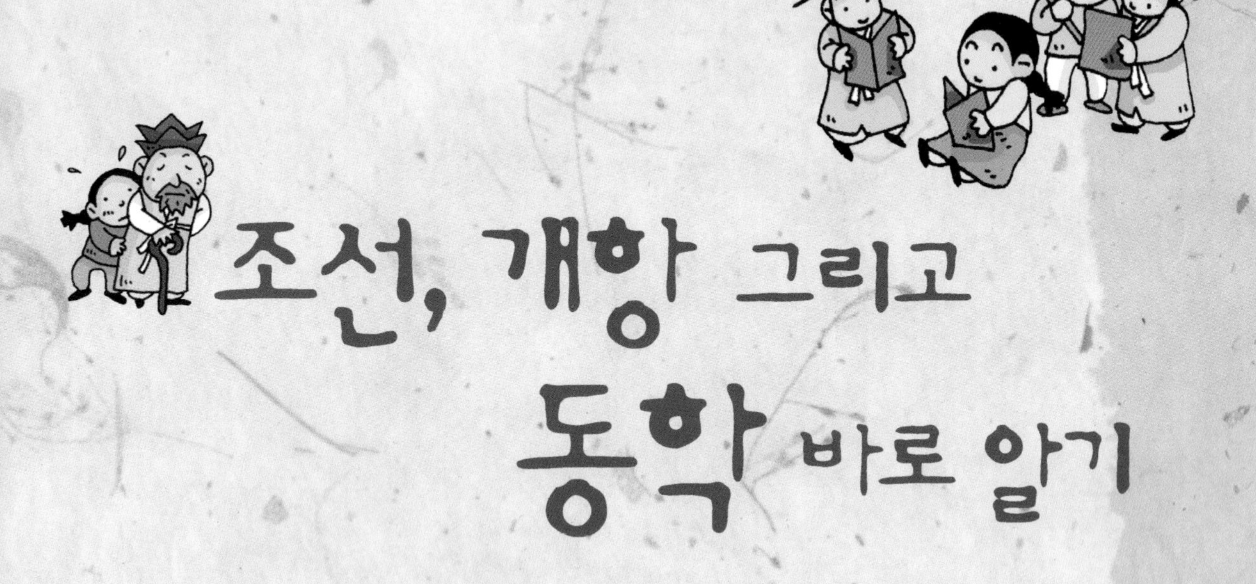

조선, 개항 그리고 동학 바로 알기

조선 후기, 격동하는 역사의 현장

▲
정조대왕 영정. 조선 후기 중흥을 이끌며 개혁을 꿈꾼 군주인 그는 세도정치의 파도에 그 뜻이 꺾이고 말았다.

19세기의 조선 속으로

19세기 중엽 전통 유교 사회인 조선은 커다란 변화와 위기를 맞이했습니다. 대내적으로는 세도정치의 폐단이 극에 달하여 무능한 양반 지배 체제에 저항하는 민중 세력이 성장하고 있었고, 대외적으로는 일본과 서양 열강의 침략 세력이 밀려오고 있었답니다.

세도정치의 폐단

세도정치의 본래 의미는 '세상 가운데의 도리' 인 세도世道를 책임자가 주도적으로 실현한다는 의미이지만, 조선 시대 순조 · 헌종 · 철종 대에 실제로 전개되었던 정치형태를 가리킬 때는 세도를 빙자하여 몇몇 세도가문에서 세력을 휘두른 부정적인 의미로 사용됩니다.

굴비
사과

세도정치는 정조임금 때 정조의 신임을 받았던 홍국영의 독단적인 정치에서부터 시작돼 순조 때 안동 김씨, 풍양 조씨 등 외척 가문들이 정치의 주도권을 행사하며 본격적으로 자기들이 내세우는 명분과 의리-사실은 권력과 이익만을 찾던 시기를 가리키는 말이 되었습니다. 그러다 보니 임금은 국정을 살필 독자적인 정치력을 행사하지 못하였습니다. 국정을 신속하고 공정하게 처리해야 하는 왕권이 흔들렸던 것입니다.

삼정의 문란

삼정의 문란이란, 조선 시대 국가 재정의 3대 요소인 전정田政, 군정軍政, 환곡還穀의 문란을 가리키는 말입니다. 임진왜란으로 많은 땅이 황폐해져 생활이 곤궁한데도 불구하고 여러 가지 명목의 부가세와 수수료가 늘어나 백성들의 조세 부담은 커졌습니다. 황폐해서 못 쓰는 땅에도 세금을 부과하는 등 백성들의 삶은 힘든데도 오히려 전정 문란으로 세금은 늘어났던 것입니다. 다음으로 군정의 문란인데 정치기강이 무너지자 일부 농민들도 세력가에 매달려 군역을 기피하는 반면 무력한 농민과 백성들을 대상으로 군정 문란은 극에 달했습니다. 죽은 사람에게도 세금을 부과하거나 젖먹이 어린아이나 노인에게도 군역을 부과하는 등 백성은 극심한 고통을 받았습니다. 환곡의 문란은 세 가지 중 가장 심각했습니다. 환곡은 본래 가난한

▲
조선 시대 병사의 모습

농민과 백성에게 정부의 미곡을 꾸어 주었다가 추수기에 이자를 붙여 회수하는 것으로 빈민의 구제가 목적이었던 것이 가진 자들의 고리대高利貸(높은 이자)로 변질되어 그 폐단은 이루 말할 수 없을 정도였습니다. 중앙정부에서 암행어사를 수시로 보내서 지방 관리들의 부정행위를 조사, 보고하도록 하였으나 고질화된 악습을 제거하기는 힘들었습니다. 이것은 철종 때 전국 각지에서 일어난 민란의 직접적인 원인이 되었답니다.

▲
홍경래군과 관군이 전투를 그린 〈순무영진도〉.

농민의 항거

사회 불안이 점차 고조되고 농촌사회가 피폐하여 가는 가운데 농민들의 사회의식은 오히려 성장해 갔습니다. 소극적인 저항으로 가난과 세금을 감당할 수 없게 된 농민들은 농토를 버리고 이리저리 떠도는 유민이 되거나 세금을 피하여 산간벽지로 들어가 화전민이 되기도 하고, 더러는 도적이 되기도 했습니다.

하지만 좀 더 적극적으로 지배층과 대결하는 사건이 생겼습니다. 그 대표적인 것이 홍경래의 난(1811년)입니다. 몰락한 양반인 홍경래의 지휘 하에 영세 농민, 중소상인, 광산 노동자들이 합세하여 일으킨 봉기였습니다. 이들은 처음 평안도에서 봉기한 후 한때 청천강 이북 지역을 거의 장악하였으나 전투 중에 홍경래의 죽음으로 5개월 만에 평정되었습니다. 이 사건으로 전국 각지에서 농민들의 반란이 표출되었고, 그 정신이 동학농민운동에 상당한 영향을 주었다고 볼 수 있습니다. 후에도 사회 불안은 수그러들지 않고 각지에서 농민봉기가 일어났습니다.

임술 농민봉기(1862년)는 진주에서 시작되었는데 농민들은 탐관오리와 토호의 수탈에 저항하여 한때 진주성을 점령하기도 하였습니다. 이를 계기로 농민의 항거는 북쪽의 함흥으로부터 남쪽의 제주에 이르기까지 전국적으로 퍼졌습니다. 이 사건은 단순한 반발이 아닌, 사회적 불만을 드러낸 농민의 자각 운동이라는 점에서 의미를 찾을 수 있으며 농민들의 사회의식이 성장하였다는 증거라고 볼 수 있습니다.

▲
1871년 4월 14일 남양만에 출현한 미 아시아함대 소속 콜로라도호의 모습.

서양 세력의 개항 요구와 이양선 출몰

프랑스군은 천주교 박해로 죽은 자국 신부의 죽음을 듣고 군함과 대포를 싣고 쳐들어 왔습니다. 이것을 병인양요(1866년)라고 합니다. 이때 강화도에 있던 중요한 문물인 외규장각 도서 345권과 은괴 19상자를 약탈해 갔습니다. 또한 미국의 상선 제너럴 셔먼호가 평양으로 와서 강제로 통상을 요구하였는데 이것을 조선이 거부하자 미국인이 민간인들을 죽이는 사건

▲
거문도에 정박한 영국 함대의 군함.

▲
신미양요 당시 전쟁터.
당시 미군 전사자는 3명, 조선군은 350명이었다.

이 발생했습니다. 이때 평양감사 박규수가 셔먼호를 침몰시켰는데 이것을 계기로 1871년 미군함대가 쳐들어왔고, 이를 신미양요(1871년)라고 합니다.

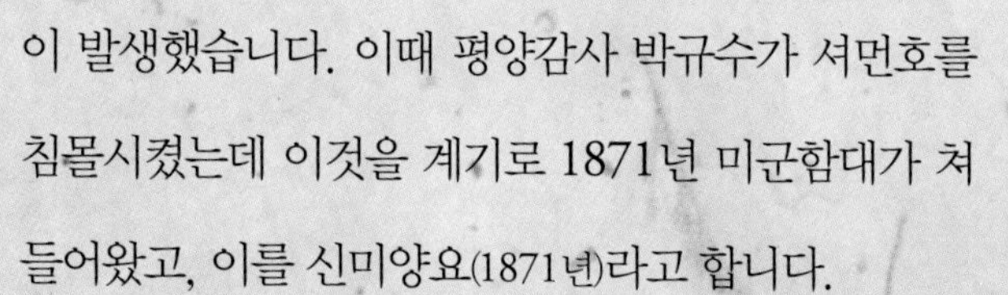

이렇게 조선 후기 이양선(외국배)이 빈번히 출입하고, 중국이 서양에 의해 반식민지 상태로 전락하자 조선 내부에서는 외세에 대한 두려움과 함께 반감이 더욱 강해졌습니다.

제국주의와 동아시아

1870년대 후반부터 자본주의 열강 사이에 식민지 쟁탈전이 본격화되면서 제국주의의 형태로 식민지를 확보하기 위한 침략 전쟁이 세계적으로 벌어집니다. 19세기 말부터 20세기 초에 걸쳐 제국주의 시대가 전개되었으며 이 시기에 제국주의 열강들은 후진 지역이나 약소 국가를 지배하기 위해 경쟁적으로 침략을 자행했습니다.

특히 서구 제국주의 국가들은 동아시아의 시장과 자원 약탈을 집중적으로 시작했습니다. 영국은 인도와 말레이반도를, 프랑스는 베트남을, 네덜란드는 인도네시아를, 미국은 필리핀을 식민지화하였습니다.

▲
신미양요 당시 미군 군함에 억류된 조선군 포로.

한편 중국은 19세기 중엽 아편전쟁으로 영국에 문호를 개방당한 후 영국과 프랑스에게 패하여 많은 이권을 빼앗기고 있었으며, 20세기 초에는 영국, 미국, 독일, 프랑스 등 서구 열강의 세력이 경쟁하면서 각종 이권과 조차지(한 나라가 다른 나라로부터 빌려 통치하는 영토.)를 획득하여 반 식민지 상태에 놓이게 되었습니다.

이들 서양 제국주의 국가들이 동아시아에 대한 식민지 경쟁은 19세기 말 조선에 집중되어 한반도는 열강세력들의 각축장이 되었으며, 여기에 일본이 끼어들어 국제적인 분쟁이 일어나게 되었던 겁니다.

동학 농민 운동의 전모

와~!

▲
수운 최제우 초상

동학의 발생

동학에는 19세기 후반에 이르기까지의 조선 사회의 현실이 반영되었다고 봐야 합니다. 교리는 유·불·선의 주요 내용이 바탕이 되었고 주문과 영부 등 민간 신앙의 요소들이 결합되었습니다. 또 사회 모순을 극복하고 일본과 서양 국가의 침략을 막아 내자는 주장을 폈습니다. 동학은 모든 사람이 평등하다는 시천주侍天主사상과 인내천 사상을 강조하였습니다. 그래서 양반과 상민을 차별하지 않고 노비제도를 없애며, 여성과 어린이의 인격을 존중하는 사회를 추구하였답니다. 그러자 조선의 지배층은 신분질서를 부정하는 동학을 위험시하여 세상을 어지럽히고 백성을 현혹한다는 죄로 최제우를 처형하였습니다.

동학 농민 운동의 전개

정부의 개혁 정책 추진은 미진하였고, 유생들의 반외세 운동만으로는 점점 심해지는 세계 열강의 침략 전쟁에 효과적으로 대응하지 못했습니다. 더욱이 근대 문물의 수용과 배상금 지불 등으로 국가 재정이 궁핍해져 농민에 대한 수탈이 심해졌고, 일본의 경제적 침투로 농촌 경제가 파탄에 이르게 되었습니다.

이에 농민층의 불안과 불만이 심해졌고 정치사회 의식이 급성장한 농촌 지식인과 농민들 사이에 사회 변혁의 욕구가 높아졌습니다. 인간 평등과 사회 개혁을 주장한 동학은 당시 농민들의 변혁 요구에 맞는 것이었고 농민들은 동학의 조직을 통하여 대규모의 세력을 모을 수 있었습니다.

▲
동학의 대접주로 전봉준과 함께 봉기한 김개남 장군.

동학농민운동 이후

동학의 3대 교주였던 의암 손병희(1861~1922)는 일제의 탄압을 피하기 위해 1905년 이름을 '천도교'로 바꾼 후 국내 종교계를 이끌었고, 민족정신을 하나로 묶는 중요한 역할을 했습니다. 동학농민운동(1894년)의 실패 후 뿔뿔이 흩어진 동학 교도들은 항일의병운동으로 수십 년간의 항쟁을 이었다고 합니다.

일제 강점기가 동학의 전성기라고 할 수는 없다고 하더라도 독립운동의 지도자였던 손병희, 오세창, 최린, 방정환, 김구,

▲
동학 3대 교주이자 3.1 독립운동 33인 중의 한 명인 의암 손병희.

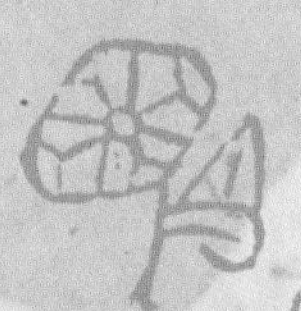

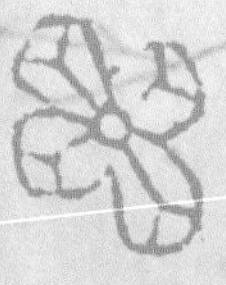

이종일 등이 모두 천도교인이었다고 하니 민족의 종교임은 분명합니다. 조국을 위해 기꺼이 목숨을 바쳤던 동학교도들의 순국의 역사를 이어, 항일 의병운동을 거쳐, 3.1만세운동의 지도자가 되기도 했고, 어린이날을 제정한 것도, 민족사학 고려대학교를 인수하여 경영한 것도 모두 이들의 힘이었습니다.

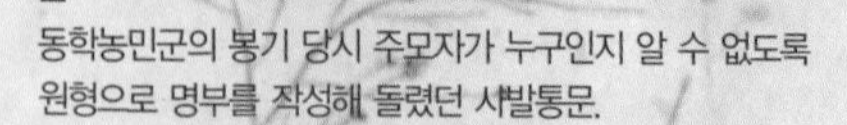

▲
동학농민군의 봉기 당시 주모자가 누구인지 알 수 없도록 원형으로 명부를 작성해 돌렸던 사발통문.

동학농민운동의 의의

이 운동은 전통적 지배 체제에 반대하는 개혁 정치를 요구하고, 외세의 침략을 물리치려 한, 아래로부터의 반反봉건, 반反외세 성격을 갖는 근대화 지향의 운동이었습니다. 동학농민운동은 비록 당시의 집권세력과 일본 침략 세력의 탄압으로 실패하였지만 이들의 요구는 갑오개혁에 부분적으로 반영되었으며, 농민군의 잔여 세력은 의병 운동에 가담하여 반일 무장 항쟁을 활성화하였습니다. 최초로 전국적인 지역에서 일어난 민중의 무장봉기였던 동학농민운동은 1년 동안에 걸쳐 30~40만의 희생자를 낸 채 끝났지만, 이들의 개혁의지는 이후의 정치에 큰 영향을 끼쳐 정치권의 반성과 각성을 촉구하여 갑오개혁甲午改革이라는 정치적 혁신을 가져오기도 했습니다.

녹두장군 전봉준의 최후

전봉준이 체포되었을 때 "동학은 잘못된 세상을 바로잡고자 하여 탐학하는 관리를 없애고 그릇된 정치를 바로잡는 것인데 무엇이 잘못이며, 조상의 뼈다귀를 우려 악을

행하여 백성의 고혈을 빨아먹는 자를 없애는 것이 무엇이 잘못이며, 사람으로 사람을 매매하는 것과 국토를 농락하여 사복을 채우는 자를 치는 것이 무엇이 잘못이냐. 너희는 외적을 이용하여 자국을 해하는 무리이다. 그 죄 가장 중대하거늘, 나를 죄인이라 이르느냐!"고 주변 법관을 꾸짖었다고 합니다.

즉시 사형을 집행한다는 '부대시참不待時斬'의 판결이 내렸는데도 전봉준은 "정도正道를 위해 죽는 것은 조금도 원통할 바 없으나 오직 역적의 이름을 받고 죽는 것이 원통하다."고 말하며 최후의 순간까지도 굳건한 기개를 잃지 않았습니다. 전봉준의 교수형을 집행한 사람이 그의 최후의 모습을 이렇게 전했습니다.

"나는 전봉준이 처음 잡혀오던 날부터 끝내 형을 받던 날까지 그의 전후 행동을 잘 살펴보았다. 그는 과연 보기 전 풍문으로 듣던 말보다 훨씬 돋보이는 감이 있었다. 그는 외모부터 뛰어난 인물이었다. 청수한 얼굴과 정채 있는 이목으로 엄정한 기상과 강장한 심지는 세상에 한번 놀랄 만한 대위인 · 영걸이었다. 과연 그는 평지돌출로 일어서서 조선의 민중운동을 대규모적으로 대창작한 자이니 그는 죽을 때까지 그의 뜻을 꺾지 아니하고 본심 그대로 태연히 간 자이다."

재판정에서도 너무 당당하여 일본 관리들도 그에게 경의를 표했다고 하는데, 그의 머리와 떨어진 시신이 어디에 있고, 어떻게 되었는지 아무도 모른 채 역사 속에서 잊혀진 것은 아닌지 반성해 봐야 할 것입니다.

▲
새로운 세상에 대한 녹두장군의 의지는 같은 편의 밀고로 끝나 버렸다. 압송되는 전봉준.

동학 농민운동 연표

일시	주요 사건
1860	최제우 '동학' 창도. 반외세, 반봉건 주장.
1864	정부에서 백성들을 현혹시킨다는 죄목으로 최제우를 처형.
1876	개항 이후 백성들의 생활이 극도로 궁핍해짐.
1892	고부 군수 조병갑이 만보석을 쌓는 데 농민을 동원함. 각종 비리와 착취로 백성의 고통이 심화됨.
1894. 2	1차 봉기 – 전봉준을 주축으로 '탐관오리를 제거하여 백성을 구한다'는 구호로 고부 관아를 공격함. 곡식 창고를 풀어 농민들에게 돌려주고, 옥에 갇힌 사람들을 풀어 줌.
1894. 5. 5	동학군은 황토현 전투에서 관군에 승리한 후 전라도 일대의 여러 지역을 점령함.
1894. 5. 31	동학군이 전주성을 점령함.
1894. 6	관군이 완산(完山)에 포진해 대대적인 공격을 하여 동학군은 500명의 전사자를 내며 참패함.

1894. 6	원조 요청을 받은 청이 군대를 파병하자, 일본도 자국민 보호의 명분으로 군대를 파병함. 동학농민군은 외세의 개입을 막기 위해 화약 체결 후 자진 해산하고, 관군과의 휴전조건으로 폐정개혁안 12조를 제시함. (12개조의 폐정 개혁안은, 국내 정치의 모순을 바로잡고, 외세의 침략에 반대한 농민들의 요구 사항을 정책에 반영하라는 요구로 구성됨.) 전라도 일대에 집강소를 설치하여 농민들의 자치적 개혁 기구로서의 신분제 폐지와 토지의 균등한 분배를 시도함.
1894. 7	동학군의 해산에도 귀국하지 않고 남아 있던 청과 일본은 조선에 대한 주도권을 잡기 위해 청 · 일 전쟁 발발.
1894. 10	2차 봉기 – 반외세투쟁을 위해 전봉준은 전주에서, 손화중은 광주에서 봉기.
1894. 11	동학농민군과 근대 무기로 무장한 관군, 일본군은 혈전을 벌였으나 공주의 우금치 전투 등 중요 전투에서 동학농민군이 패배함.
1894. 12	동학농민군 중 누군가가 재기의 기회를 엿보던 전봉준을 밀고함. → 전봉준 체포당함.
1895. 3	전봉준 처형. 이후 호남 일대에서 조 · 일 연합군의 동학농민군 대학살전이 벌어짐.

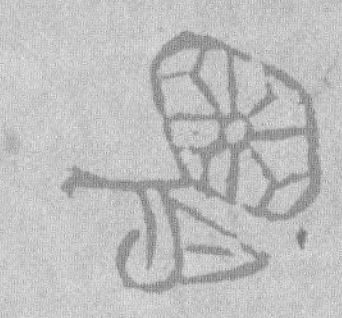

폐정 개혁안 12조

① 각 도인과 정부 사이에는 묵은 감정을 씻어버리고 서정(庶政)에 협력할 것

② 탐관오리의 그 죄목을 조사하여 하나하나 엄징할 것

③ 횡포한 부호들을 엄징할 것

④ 불량한 유림과 양반들을 징벌할 것

⑤ 노비문서는 태워버릴 것

⑥ 칠반천인(七班賤人)의 대우를 개선하고 백정 머리에 씌우는 평양립(平壤笠)을 벗게 할 것

⑦ 청춘과부의 재혼을 허락할 것

⑧ 무명잡세는 모두 폐지할 것

⑨ 관리채용은 지연과 파벌을 타파하고 인재 위주로 할 것

⑩ 왜와 내통하는 자는 엄징할 것

⑪ 공사채를 막론하고 지난 것은 모두 무효로 할 것

⑫ 토지는 평균으로 분작하게 할 것

은근과 끈기와 2대 동학교주, 해월 최시형

동학을 창시하긴 했지만 최제우가 동학을 포교한 기간은 4년에 불과했습니다. 실제로 동학을 전국적으로 퍼뜨린 사람은 다름 아닌, 2대 교주 해월 최시형입니다. 본래 이름이 최경상이었던 그는 어렸을 때 부모를 일찍 잃어 머슴살이를 하며 생계를 잇기도 하고 먼 친척집을 전전하며 살아가야만 했습니다. 19세에 밀양 손씨와 결혼하여 한지 장사를 하며 지내기도 하던 최경상은 '명인'이 나타났다는 소문을 듣고 최제우를 찾아갔고, 그 만남이 최경상의 인생의 전환점이 되었습니다.

동학에 입도한 최경상은 낮에는 일하고 밤에는 수련하다가 마침내 한울님의 말씀인 '천어天語'를 듣고, 빈 종지로 21일간 불을 밝히는 이적異蹟의 종교체험을 하게 됩니다. 그리하여 득도한 지 4년째 되는 1863년 8월 14일, 최제우는 최경상에게 캄캄한 밤바다를 훤히 밝혀주는 '바다의 달'과 같은 존재가 되라며 '해월海月'이라는 호와 함께 도통을 물려주었습니다.

▲
체포되어 처형 직전의 해월 최시형의 모습.

최제우가 죽었다고 동학이 시들어 갈 수 없었습니다. 정통성을 부여받은 해월은 혹세무민惑世誣民의 죄목으로 참형을 당한 스승 최제우의 억울함을 지켜보는 슬픔 속에서도 전국의 산속으로 도망 다니면서 동학을 다스릴 새로운 기틀을 짜는 한편 포교에 힘썼습니다. 이때 최제우가 백성을 구하려는 뜻으로 이름을 제우濟愚로 고쳤듯, 자신의 이름을 최경상에서 세상을 형통하게 하려는 '시형時亨'으로 고쳤습니다. 괴나리봇짐 하나 짊어진 채, 관군에게 쫓기면서 강원도 산골짝에서부터 남도 바닷가에 이르기까지 방방곡곡을 찾아다녔기에 그의 별명이 '최 보따리'라고 합니다. 그는 교주의 신분이면서도 한시도 쉬지 않고 손님을 만나는 중에도 짚신을 삼거나 농사일을 했다고 합니다. 또한 억울하게 죽은 최제우의 신원을 위해 노력했으며 최제우의 유족들에게도 끝까지 의리를 지켜 돌봐주었다고 합니다.

태백산, 소백산, 일월산 등 산간벽지로 쫓겨 다니면서도, 교조신원운동(1872년)을 펼쳤고, 최제우가 쓴 《용담유사》, 《동경대전》을 수차례 목판으로 간행하기도 했습니다. 해월의 생애 말기에는 교세가 전국적으로 퍼져, 전국에 수십만 명의 교인을 확보하였고, 전주 삼례(1892), 서울 광화문(1893), 충북 보은(1893) 등에서 대대적인 교조신원운동을 일으키기도 했습니다. 당국은 동학의 개혁 요구를 묵살한 채, 더욱 박해를 가했고 백성들을 향한 수탈은 점점 도를 더해 갔습니다. 그러던 중 동학농민운동(1894)이 터졌고, 동학군은 일본군과 사투 끝에 30만 명이 희생되었습니다. 해월은 1898년 12월 24일 의암 손병희에게 도통을 전수한 후, 체포되어 그 다음해(1899년) 6월 2일 경성 감옥에서 교수형을 받고 순교하였습니다.

▲
전봉준 영정.

파랑새야 녹두밭에 앉지 마라 – 녹두장군 전봉준

전봉준은 전라도 고부(지금의 정읍시 이평면 장내리) 사람으로 몰락한 양반 집안에서 태어나 어린 시절 아버지를 따라 이곳저곳을 이사 다니며 살았다고 합니다. 그의 별명이 '녹두장군' 이라고 불리는 이유는 어린 시절부터 키가 작았기 때문입니다. 그의 아버지는 '전창혁' 으로 고부 향교의 장의(掌議: 조선 시대 성균관 · 향교 · 서원에 머물러 공부하던 유생의 임원 가운데 으뜸 자리)를 맡을 만큼 배움이 있었으나 가난을 벗어나지 못했는데, 훗날 군수 조병갑의 탐학으로 백성들이 힘겨워할 때 대표로 관가에 소장(訴狀)을 냈다가 모질게 두들겨 맞고 장독(杖毒: 매를 맞고 생긴 독)으로 한 달 만에 죽음을 맞았습니다.

전봉준이 분개했던 것은 어쩌면 아버지의 원수 때문이기도 할 겁니다. 전봉준은 서른이 넘어설 즈음에 서울에 가서 흥선대원군을 만났다고 합니다. 모두 무엇인가를 부탁하러 오는 사람들뿐인데, 아무 말도 없이 앉아 있자 대원군이 그에게 '무슨 부탁이 있어서 왔느냐?' 고 물었더니 "오직 저는 나라를 위할 뿐입니다."라고 대답했다고 합니다. 대원군은 이 비범해 보이는 젊은이에게 '강江' 이라는 글자를 써 주었다고 합니다. 그 의미는 "네가 봉기해서 한강까지만 와라. 그러면 내가 호응해 주겠다."는 뜻이었습니다.

즉, 전봉준의 농민군이 한강까지 진격하면, 자신이 정부를 움직이겠다는 것이었습니다. 그러나 농민군은 한강까지 진격하지도 못했고, 그가 일본군에 잡혀 갔기 때문에 다시는 흥선대원군을 만날 수 없었다고 합니다.

전봉준은 1890년경 동학에 입교했고, 얼마 되지 않아 2대 교주 최시형에게 고부 지방을 맡는 동학접주로 임명되었다고 합니다. 그 후 고부에서 거사를 일으켰습니다. 이들은 '무고한 백성들을 죽이지 말 것'과 '나라를 구하고 백성을 위한다'는 정신을 강조했습니다. 이 소식이 전해지자 관리들의 탐학에 시달리던 인근 각처의 동학군과 농민들은 새로운 희망을 품고 앞을 다투어 모여들었습니다. 태인의 동학군은 3월 29일 자발적으로 관아를 습격하여 관리들을 응징하고 무기를 탈취하니 혁명군의 기세는 한층 더 높았습니다. 이후 여러 지역에서 전투를 이끌었던 전봉준은 2차봉기에서 조 · 일 연합군에 패해 도망 다니다가 12월 2일, 내부자의 밀고로 결국 관군에 체포되어 1895년 3월 30일 사형에 처해졌습니다. 그는 재판과정에서도 의기와 절개가 한결같아 많은 사람의 존경을 받았다고 합니다.

'운명殞命'

때를 만나서는 천하도 내 뜻과 같더니
운 다하니 영웅도 스스로 어쩔 수 없구나
백성을 사랑하고 정의를 위한 길이 무슨 허물이랴
나라 위한 일편단심 그 누가 알랴
– 전봉준의 유언시 –

최제우 동경대전

곽은우 글 | 김분묘 그림

01 조선 후기 민중의 종교였던 동학의 창시자는 누구일까요?

① 김정희　② 최시형　③ 최제우
④ 홍경래　⑤ 박은식

02 조선 후기 민중의 불만이 폭발적으로 터져 나온 사건으로 1894년 1월, 전라도 고부 지방에서 부정한 관리를 몰아내기 위한 농민들의 결집으로 발생한 이 사건은 무엇일까요?

① 3·1만세 운동　② 임진왜란　③ 동학농민운동
④ 진주민란　⑤ 천주교 박해

03 《동경대전》은 최제우가 '이분'에게 가르침을 받은 내용을 기술한 책인데, 이를 지칭하는 말로서, 동학 및 천도교에서 절대자를 가리켜 무엇이라고 할까요?

① 신선님　② 스승님　③ 주인님
④ 주님　⑤ 한울님

04 최제우는 어렸을 때부터 아버지의 영향을 매우 많이 받고 자라며 이 학문의 기초를 닦았습니다. 특히 이 학문 중 《논어》와 《주역》의 내용이 《동경대전》의 밑받침이 되고 있는데요. 중국의 고전 학문을 총칭해 가리키기도 하는 이 학문은 무엇일까요?

① 천주학　② 유학　③ 도학
④ 불교　⑤ 미륵신앙

05 동학은 시대적 필요성에 의해 발생했다고 볼 수 있는데, 서양 세력의 출몰과 천주교의 유입, 중국의 아편전쟁 등으로 당시 정치적 위기 상황 속에서 발생했습니다. 이러한 정치적 상황을 바탕으로 《동경대전》에서 강조한 주장은 무엇일까요?

① 보국안민 ② 자연 친화 ③ 충성과 효제
④ 인의예지 ⑤ 근대화

06 동학농민운동의 중요한 역할을 한 인물로서, 전라도 고부의 동학농민운동의 발생을 주도했고 백성들에게 녹두장군으로 불린 이 사람은 누구일까요?

① 최시형 ② 전봉준 ③ 손병희
④ 방정환 ⑤ 김구

07 동학군은 관군과의 화해 조건으로 제시한 '폐정개혁안(잘못된 정치를 바로잡는 개혁안)'을 제시했는데, 그 내용으로 적절하지 않은 것은 무엇일까요?

① 일본과 내통하는 자를 처벌하기
② 노비 문서를 불태워 노비 제도를 없애기
③ 횡포를 저지르는 동네 부자들을 처벌하기
④ 청춘 과부의 지조와 절개를 본받아 열녀비 세우기
⑤ 탐관오리의 잘못을 잡아내고 그를 엄정하게 처벌하기

08 ① : 《용담유사》는 최제우가 지은 노래 가사집으로 《동경대전》의 교리가 노래 형식의 가사 문학으로 담겨져 있습니다.

09 ③ : 청일전쟁에서 승리한 일본은 우리나라의 국정 개입을 본격화했고, 중국 대륙 등으로 막강한 제국주의의 식민지 확대를 꾀하였습니다.

10 인내천(人乃天)은 '사람이 곧 하늘이다.'라는 뜻을 담고 있는 말로, 사람의 탄생은 하늘에 의한 것이고, 사람을 하늘처럼 공경하라는 뜻을 갖고 있습니다.

08 《동경대전》이 동학의 교리서라고 한다면, 이 책은 동학의 교리를 노래로 풀어 쓴 노래 책이라고 할 수 있습니다. 이 책의 이름은 무엇일까요?

① 《용담유사》 ② 《서포만필》 ③ 《태평천국》
④ 《열하일기》 ⑤ 《악학궤범》

09 1894년 동학농민군을 진압하기 위해 정부는 청나라에 구원 요청을 했고, 이로 인해 외세의 개입이 더욱 거세졌습니다. 톈진조약으로 청나라와 함께 출병한 일본군이 조선의 주도권을 잡기 위해 1894~1895년 사이에 치른 이 전쟁은 무엇일까요?

① 십년전쟁 ② 남북전쟁 ③ 청·일전쟁
④ 십자군전쟁 ⑤ 아편전쟁

10 《동경대전》에서 가장 근본으로 삼은 인내천 사상은 신분제도로 고통을 받던 민중에게 정서적인 충격을 주었습니다. 이 인내천 사상을 설명해 보세요.

____

____

____

정답

01 ③ / 02 ③

03 ⑤ : 한울님은 천주(天主)를 가리키는 말이나 하느님, 하나님과 구별하여 지금도 동학을 계승한 천도교에서 한울님으로 통칭하고 있습니다. / 04 ②

05 ① : 외세의 침략을 막아 내고, 백성들을 편안히 하자는 반외세, 반봉건의 주장을 펼치고 있습니다.

06 ② : 전봉준은 1894년 전라도의 접주로서 민요에서는 청포장수, 녹두장군 등으로 불리었습니다.

07 ④ : 조선 후기 나쁜 정책을 바로 잡자는 반봉건의 주장으로, 청춘 과부가 재혼하는 것을 금지하였던 악습을 고치라고 주장했습니다.

농민이 스스로 다스리고 힘을 모으다, 동학농민운동

동학은 최제우가 유교, 불교, 도교, 무속 신앙 등의 교리들을 합해서 만든 민족 종교입니다. 동학은 정부에서 탄압을 받기도 했지만, 교도들이 늘어나 종교를 넘어 사회 개혁 운동으로 바뀌기 시작했습니다. 이에 계기가 된 사건은, 고부 군수가 마을 사람들을 강제로 불러 보를 쌓게 하고 이후에 물세까지 걷자 화가 난 농민들이 들고 일어난 고부 민란입니다. 이때 동학의 지도자였던 전봉준이 나서서 교도들을 이끌었지요. 끈끈한 농민과 동학교도들의 협심으로 정부는 결국 전라도 지역에 집강소를 설치해 농민이 중심이 된 개혁을 실시하게 해 줍니다.

그러나 알고 보니, 정부는 사실 청나라에 구원을 요청한 상태였습니다. 그런데 청나라 군대가 조선에 들어오자 덩달아 일본까지 우리나라에 들어오더니, 청·일 전쟁이 발발, 일본이 청나라를 물리치고 본격적으로 조선을 지배하려 하게 됩니다.

이 소식을 들은 동학군은 전주에서 10만 명에 이르는 대규모 부대를 꾸려 일본을 무찌르기 위해 공주로 갑니다. 우금치 고개에서 일본군과 맞닥뜨린 동학군은 신식 무기로 무장한 일본에 패배하고 말지요. 그리고 전봉준과 지도자들이 사형당하며 동학농민운동은 안타깝게 끝이 나고 맙니다.

이후 동학은 정부의 강한 탄압을 받았고 3대 교주 손병희는 중국으로 망명을 떠나게 됩니다. 비록 동학농민운동은 실패로 끝나고 말았지만 아직 신분제도가 강하게 자리하고 있고 권력자들의 권력 남용이 팽배했던 시대에 농민들이 스스로의 힘으로 세상을 바꾸고자 했던 모습에서, 우리는 백성의 힘이 모이면 얼마나 위대해지는지를 엿볼 수 있습니다.

통합교과학습의 기본은 세계사의 이해,

세계대역사 50사건

진시황제와 중국 통일
코페르니쿠스와 과학 혁명
마르크스 레닌주의
제2차 세계 대전

제대로 알차게 만든 교양 세계사 만화!

우리 집 최고의 종합 인문 교양서!

★서양사와 동양사를 21세기의 균형적 시각에서 다룬 최초의 역사 만화
★세계사의 핵심사건과 대표적 인물을 함께 소개해 세계사의 맥락을 짚어 주는 책
★시시각각 이슈가 되는 세계사 정보를 지식이 되게 하는 재미있는 대중 교양서

1. 파라오와 이집트
2. 마야와 잉카 문명
3. 춘추 전국 시대와 제자백가
4. 로마의 탄생과 포에니 전쟁
5.석가모니와 불교의 발전
6. 그리스 철학의 황금시대
7. 페르시아 전쟁과 그리스의 번영
8. 알렉산드로스 대왕과 헬레니즘
9. 실크 로드와 동서 문명의 교류
10. 진시황제와 중국 통일
11. 카이사르와 로마 제국
12. 로마 제국의 황제들
13. 예수와 기독교의 시작
14. 무함마드와 이슬람 제국
15. 십자군 전쟁
16. 칭기즈 칸과 몽골 제국
17. 르네상스와 휴머니즘
18. 잔 다르크와 백년전쟁
19. 루터와 종교개혁
20. 코페르니쿠스와 과학 혁명
21. 동인도회사와 유럽 제국주의
22. 루이 14세와 절대왕정
23. 청교도 혁명과 명예혁명
24. 미국의 독립전쟁
25. 산업 혁명과 유럽의 근대화
26. 프랑스 대혁명
27. 나폴레옹과 프랑스 제1제정
28. 라틴 아메리카의 독립과 민주화
29. 빅토리아 여왕과 대영제국
30. 마르크스_레닌주의
31. 태평천국운동과 신해혁명
32. 비스마르크와 독일 제국의 흥망성쇠
33. 메이지 유신 일본의 근대화
34. 올림픽의 어제와 오늘
35. 양자역학과 현대과학
36. 아인슈타인과 상대성 원리
37. 간디와 사티아그라하
38. 마오쩌둥과 중국 공산당
39.대공황 이후 세계 자본주의의 발전
40. 제2차 세계 대전
41. 태평양 전쟁과 경제대국 일본
42. 호찌민과 베트남 전쟁
43. 팔레스타인과 이스라엘의 분쟁
44. 넬슨 만델라와 인권운동
45. 카스트로와 쿠바 혁명
46.아프리카의 독립과 민주화
47. 스푸트니크호와 우주 개발
48. 독일 통일과 소련의 붕괴
49. 유럽 통합의 역사와 미래
50. 신흥대국 중국과 동북공정
★가이드북

김창회 외 글 | 진선규 외 그림 | 232쪽 내외